高校课程思政探究

李合亮　葛明荣　陈晴晴　著

新 华 出 版 社

图书在版编目（CIP）数据

高校课程思政探究 / 李合亮，葛明荣，陈晴晴著. 北京 : 新华出版社，2024. -- ISBN 978-7-5166-7839-8

Ⅰ. G641

中国国家版本馆CIP数据核字第2024JT4420号

高校课程思政探究

作　　者： 李合亮　葛明荣　陈晴晴

责任编辑： 王依然　　**封面设计：** 寒　露

出版发行： 新华出版社

地　　址： 北京市石景山区京原路8号　　**邮　　编：** 100040

网　　址： http://www.xinhuapub.com

经　　销： 新华书店、新华出版社天猫旗舰店、京东旗舰店及各大网店

购书热线： 010-63077122　　**中国新闻书店购书热线：** 010-63072012

照　　排： 寒　露

印　　刷： 定州启航印刷有限公司

成品尺寸： 170mm × 240mm

印　　张： 14.25　　**字　　数：** 206千字

版　　次： 2024年12月第一版　　**印　　次：** 2024年12月第一次印刷

书　　号： ISBN 978-7-5166-7839-8

定　　价： 78.00元

前 言

2016年12月，习近平总书记在全国高校思想政治工作会议上指出："要用好课堂教学这个主渠道，各类课程都要与思想政治理论课同向同行，形成协同效应。"这为高校课程思政建设指明了方向。此后，一系列关于推进课程思政建设的政策文件相继出台。2020年5月28日，教育部印发的《高等学校课程思政建设指导纲要》指出："全面推进课程思政建设，教师是关键。""要把教师参与课程思政建设情况和教学效果作为教师考核评价、岗位聘用、评优奖励、选拔培训的重要内容。"当前，课程思政引发了全社会的高度关注，成为高等教育领域的热词。本书认为，课程思政的逻辑在于教育育人本原，课程思政与思政课的关系在于同向同行、有效协同，课程思政的功能体现为要素挖掘、有机融合，课程思政的价值实现在于因课制宜、多课联动，课程思政的实践动力在于持续推进、推陈出新，课程思政的运转保障在于合力推动、系统施策。

《高等学校课程思政建设指导纲要》指出："专业课程是课程思政建设的基本载体。要深入梳理专业课教学内容，结合不同课程特点、思维方法和价值理念，深入挖掘课程思政元素，有机融入课程教学，达到润物无声的育人效果。"

"——文学、历史学、哲学类专业课程。要在课程教学中帮助学生掌握马克思主义世界观和方法论，从历史与现实、理论与实践等维度深刻理解习近平新时代中国特色社会主义思想。要结合专业知识教育引导学生深刻理解社会主义核心价值观，自觉弘扬中华优秀传统文化、革命文化、社会主义先进文化。

——经济学、管理学、法学类专业课程。要在课程教学中坚持以马克思主义为指导，加快构建中国特色哲学社会科学学科体系、学术体系、话语体系。要帮助学生了解相关专业和行业领域的国家战略、法律法规和相关政策，引导学生深入社会实践、关注现实问题，培育学生经世济民、诚信服务、德法兼修的职业素养。

——教育学类专业课程。要在课程教学中注重加强师德师风教育，突出课堂育德、典型树德、规则立德，引导学生树立学为人师、行为世范的职业理想，培育爱国守法、规范从教的职业操守，培养学生传道情怀、授业底蕴、解惑能力，把对家国的爱、对教育的爱、对学生的爱融为一体，自觉以德立身、以德立学、以德施教，争做有理想信念、有道德情操、有扎实学识、有仁爱之心的“四有”好老师，坚定不移走中国特色社会主义教育发展道路。体育类课程要树立健康第一的教育理念，注重爱国主义教育和传统文化教育，培养学生顽强拼搏、奋斗有我的信念，激发学生提升全民族身体素质的责任感。

——理学、工学类专业课程。要在课程教学中把马克思主义立场观点方法的教育与科学精神的培养结合起来，提高学生正确认识问题、分析问题和解决问题的能力。理学类专业课程，要注重科学思维方法的训练和科学伦理的教育，培养学生探索未知、追求真理、勇攀科学高峰的责任感和使命感。工学类专业课程，要注重强化学生工程伦理教育，培养学生精益求精的大国工匠精神，激发学生科技报国的家国情怀和使命担当。

——农学类专业课程。要在课程教学中加强生态文明教育，引导学生树立和践行绿水青山就是金山银山的理念。要注重培养学生的“大国三农”情怀，引导学生以强农兴农为己任，“懂农业、爱农村、爱农民”，树立把论文写在祖国大地上的意识和信念，增强学生服务农业农村现代化、服务乡村全面振兴的使命感和责任感，培养知农爱农创新人才。

——医学类专业课程。要在课程教学中注重加强医德医风教育，着力培养学生“敬佑生命、救死扶伤、甘于奉献、大爱无疆”的医者精神，注重加强医者仁心教育，在培养精湛医术的同时，教育引导学生始终把人民群众生命安全和身体健康放在首位，尊重患者，善于沟通，提升综合素养和人文修养，提升依法应对重大突发公共卫生事件能力，做党和人民信赖的好医生。

——艺术学类专业课程。要在课程教学中教育引导学生立足时代、扎根人民、深入生活，树立正确的艺术观和创作观。要坚持以美育人、以美化人，积极弘扬中华美育精神，引导学生自觉传承和弘扬中华优秀传统文化，全面提高学生的审美和人文素养，增强文化自信。”

本书详细阐述了课程思政的理念，课程思政的要素，课程思政的方法、课程思政的评价，并采用自编的调查问卷，对基于高校教师视角的课程思政、大学生视角的课程思政进行了调查分析，发现问题，分析原因，提出对策。以期为广大同行了解课程思政的基本理论与现状，进行课程思政教学改革以及开展课程思政相关研究，给予一定的启发与借鉴。

本书由鲁东大学“山东省课程思政教学研究示范中心”主任李合亮教授拟定体系并负责全书统稿，各章节撰写具体分工如下：绪论、第一章第三节由李合亮撰写，第一章的第一节、第二节、第四节、第五节、第六节由石特撰写，第二章由赵晓玉撰写，第三章由陈晴晴撰写，第四章、第五章、第六章由葛明荣撰写。

本书是集体智慧的结晶，全体人员都参与了全书各章节的修改、校对等工作。在撰写与出版过程当中，得到了鲁东大学教务处张兴晓处长、孙舒扬副处长、田莉莉科长以及鲁东大学教育学院魏雪峰院长的大力支持，在此一并表示感谢。

由于课程思政是一个庞大的课题，笔者的认识与研究有限，本书尚有诸多不足之处，恳请各位专家学者批评指正。

目　录

绪　论

解构与诠释：厘清课程思政的基本问题

当前，课程思政引发了全社会的高度关注，成为高等教育领域的热词。人们普遍认为课程思政就是在“授业解惑”中“传道”。但是，对于如何认识授业、解惑、传道及其关系，对于如何加强课程思政建设，人们却产生了较大分歧。要想让课程思政不仅仅停留在政策层面、专业层面、课程层面，真正落实到教师与学生的头脑与行动中，则需要人们回到教育育人的本原，从课程育德的角度去全面思考课程思政。

一、课程思政的逻辑在于教育育人本原

课程思政不是一种新的教育理念与理论体系，而是对教育育人本原的逻辑回归。课程思政一经推出，许多人就不停地为其论证、寻找理论支撑，认为这是教育理论的一大突破，大有将其建成一门新学科之势。实际上，这是对课程思政的错误解读。韩愈的《师说》有言：“师者，所以传道受业解惑也。”受业、解惑、传道是教育的本来之义，是教师的本职。“道”是“业”本有之义，是对“业”的提炼升华，非外来添加，传道是教师职业的最高境界。课程思政除名字新之外，其包含的内容与价

值均是教育的本原之义，即教育就是育人，育人不仅仅是知识的增长，更有精神世界的建构，只不过在长期的实践中人们渐渐偏离了教育的初心与使命而已。任何教育，任何一门学科、专业、课程，育人是其核心任务，背离了这一点，教育的价值与意义就会荡然无存。今天提出课程思政，是对教育脱离社会、脱离生活、脱离常识、脱离人的发展的一种抛弃，是教育的本原回归。

也就是说，课程思政的提出是对教育育人价值回归的肯定与支持。对于教育是什么，虽然人们争论不一，但教育离不开社会，离不开人的全面发展却是人们的共识。一方面，教育离不开社会，就意味着社会赋予了教育许多期待与使命。维果茨基曾指出："必须注意，教育在任何时候、任何地方都有阶级的性质，不管辩护人或信徒是否意识到这一点。问题在于在人类社会中教育都具有完全特定的社会功能，它始终受政治阶级利益的导向。所谓小范围的人为教育环境的自由与离开大的社会环境的所谓独立，实质上都是在一定狭小范围内的极其相对的自由与独立。"① 为此，在阶级社会中，教育自然具有政治特性，具有明确的任务，即培养特定的人。习近平总书记指出："古今中外，关于教育和办学，思想流派繁多，理论观点各异，但在教育必须培养社会发展所需要的人这一点上是有共识的。培养社会发展所需要的人，说具体了，就是培养社会发展、知识积累、文化传承、国家存续、制度运行所要求的人。"② 教育的所有内容、所有载体、所有课程也自然应该承担此重任。思想政治理论课（以下简称"思政课"）承担着马克思主义理论教育的重任，思政课之外的其他课程在进行人的知识、专业、学科素质培养的同时，承担着育德、育人的使命。另一方面，教育离不开人的全面发展，就意味着教育的着眼点是人，旨在促进人的发展。教育不是外在于人，而是人的

① 维果茨基．教育心理学[M]．龚浩然，许高渝，潘绍典，等译，杭州：浙江教育出版社，2003：113.

② 习近平．在北京大学师生座谈会上的讲话[N]．人民日报，2018-05-03（2）.

发展的自然组成，是人的生产生活的一部分。人的发展除知识、技能的获取外，更要有社会规则、文化价值、道德观念的支撑，这是人与动物的区别之处，而这更多是通过教育来完成的。由此，教育本身就含有育德的成分与功能，提升人的思想道德素养是知识教育及其课程体系的必然包含因素。从这个意义上讲，“课程思政是在遵循课程自身逻辑体系的前提下对其固有德育资源进行的内涵式开发，是课程育人价值回归的过程。”①

既然课程思政是教育的常识，是专业课程体系的应有之义，那么当前人们最主要的任务不是讨论教育的价值与意义，而是思考教育如何回归其本性，如何实现育人的根本；不是讨论课程思政的理论体系是什么，而重在思考如何发挥课程在育人中的作用，在传统专业课程教育基础上，挖掘其中的思政元素，实现知识传授与道德育人的双重收获。

二、课程思政与思政课的关系在于同向同行、有效协同

课程思政不是思政课，而是与思政课同向同行、有效协同。课程思政包括基础课、专业课、实践课在内的所有课程。虽然思政课与课程思政有许多相通之处，特别是两者均强调立德树人，都在说明加强思想政治教育的重要价值与意义。但两者体系不同，对思政要求的强度不同。对于思政课而言，其意识形态性更强一些，思政课是“关于思政的课程”，思政是核心，课程是载体、是依托，任何时候、任何情况下，都不能以任何理由削弱或忽视思政因素发挥的作用。而对于课程思政而言，虽也是“思政”与“课程”的词语组合，但其既不是课程与思政的简单拼接，也不是两者融合形成的思政课，而是基于对相关课程任务使命的认识而形成的新话语。它虽然也强调思政的重要性，但课程体系的运行

① 卢黎歌，吴凯丽．课程思政中思想政治教育资源挖掘的三重逻辑[J]．思想教育研究，2020（5）：74-78.

与完善却是前提，即不是以思政取代课程，而是结合课程的目标任务来进行思政赋能。它虽然也具有意识形态的功能与特性，但却以隐性为主，更多体现在传授内容与传授者的样态中。

由此可见，一方面，课程思政不是思政课的移植。思政课作用虽大，但有边界，不可能“包打天下”。另一方面，虽然课程思政与思政课都强调思想政治教育，但两者却是两套不同的课程体系，侧重点不同。否则，既不利于思政课特殊政治职能的发挥，也不利于课程思政育人的深化。另外，课程思政不是思政课的补充，而是协同。补充有主次之争，协同是平等的。在思想政治教育中，思政课的确发挥着不可替代的作用，但课程思政的地位也不可小瞧，非可有可无。两者在整个思想政治教育体系中，只是渠道不同，没有贵贱之分。只有两者同向同行，发挥协同效应，才能实现较好的思想政治教育效果。对此，习近平总书记有着明确的说明：“要坚持把立德树人作为中心环节，把思想政治工作贯穿教育教学全过程，实现全程育人、全方位育人，努力开创我国高等教育事业发展新局面。”“要用好课堂教学这个主渠道，思想政治理论课要坚持在改进中加强，提升思想政治教育亲和力和针对性，满足学生成长发展需求和期待，其他各门课都要守好一段渠、种好责任田，使各类课程与思想政治理论课同向同行，形成协同效应。”①

三、课程思政的功能体现为要素挖掘、有机融合

课程思政不是外在的而是内在的，是课程本身具有的元素，需要从每一门课中挖掘。许多人认为，课程思政就是将思政元素从外移植入专业课程中。这种认识是片面的。实际上，课程思政不是额外行为，不是另起炉灶，而是原有课程性质、任务的恢复与激发，是自身思政元素的

① 习近平在全国高校思想政治工作会议上强调：把思想政治工作贯穿教育教学全过程 开创我国高等教育事业发展新局面[N].人民日报，2016-12-09（1）.

挖掘与激活。任何一门专业、一门课程均有育人的性质与功能，只不过因长期工具化的操作，其知识化、专业化内容愈发凸显的同时，其育德、育人成分愈发隐匿而逐渐被人们所漠视。现在强调课程思政，就是重新考虑课程的性质与功能，重新使课程在育人中发挥其全面性作用。例如，文学专业的诗歌类课程。诗歌的讲授是知识的传输，是诗歌写作技能的培训，但更主要的是以诗传情、明志、化人。“在历史上，诗歌是与宗教和道德联系在一起的；它曾经用于深入事物的神秘深处的目的。诗歌也具有巨大的爱国主义价值。对希腊人来说，荷马的诗是一部圣经，是一部道德的教科书，是一部历史，又是希腊民族的灵感。无论如何，我们可以这样说，如果教育没有成功地使诗歌成为生活的一个资源和闲暇生活的手段，这种教育就是有缺陷的。否则诗歌只是矫揉造作的诗歌。”[①]这就是说，在诗歌类课程中进行课程思政，不是将政治知识生硬地强加其中，而是在传授字词的由来与造句的过程中，将诗歌本身带有的历史情境、家国情怀、文化意蕴，甚至悲欢离合表述出来，使学生在情境中受教育、长才干。

由此可见，课程思政不是改变事物的本质，也不是改变课程的性质，而是通过内部元素的排列与运行方式方法的创新，发挥课程的育人功能。如同做菜，原本是白菜炖豆腐，不是通过增加食材，让其变成白菜猪肉炖粉条，而是通过烹饪程序、操作方式的变化，使白菜、豆腐的结合更有营养、口感更好，进而激发饮食者的欲望与满足感。这实际上就涉及一个深层次的问题：课程思政中思政元素与课程元素之间的关系如何，即两者怎样搭配才能达到课程最优？

人们常常讲“德育为首”，似乎是说德育是教育的核心决定因素，起着统帅作用，它比智育、体育、美育、劳育等位高一等。实际上这是一种误解。德育为首，强调的是德育的地位，强调德育在人的培养过程

① 杜威．民主主义与教育[M]．王承绪，译．北京：人民教育出版社，1990：255.

中的先导和基础作用，而它要发挥作用的关键是融入诸育之中。德育为首、诸育育德，才是教育的正常状态。课程思政就是对这一教育本来状态的一种恢复与重申。在课程思政中，思政元素与课程元素如同盐与水的关系，要做可口的汤，无盐无水不行，但盐水搭配不到位也不行。思政如同盐，它要科学恰当地融入课程的水中。也就是说，课程思政中的思政元素与课程元素要有机融合，无论形式上还是实质上，都不是两张皮，而是一体的。具体两者在其中所占比例，没有固定法则，要视不同课程的性质与任务来定，只要有利于课程思政的运行，任何比例均可。但前提是不影响课程本身的专业特色与任务安排。当前课程思政实践中存在的最大问题就是许多教师不顾专业课程本身的设计，人为地、生硬地、外在地强加给专业课程许多思政元素，致使专业课变成了思政课，甚至四不像，不仅影响到了专业教学与课程建设，也引起了受教育者的反感。长此以往，人们就会形成对课程思政的漠视心理，这对整个课程思政建设产生的不良影响是巨大的。

四、课程思政的价值实现在于因课制宜、多课联动

课程思政不是一门课，也不是几门课，其旨在激发、调动、实现已有的诸多课程的育人功能。为了加大课程思政的推广力度，许多学校建立了课程思政研究机构，专门开设了一些关于课程思政的课程，有的甚至将原有的通识课更名为课程思政课。客观而言，人们应该肯定各学校对课程思政的重视程度，成立专门的研究机构进行专门的探讨也是值得提倡的。但是，专门的研究如果演变成了只是几个人在对课程思政进行纯粹理论的探讨，则值得商榷，而将课程思政界定为一门课或几门课，则又步入了另一个误区。不仅如此，基于当今社会对于综合性人才的需要，以及学生成长成才的需要，大多数高校在思政课、专业课之外开设了许多基础教育课程，简称“通识课”。这一类课程旨在通过知识的基础性、整体性、综合性、广博性，开阔学生视野，培养学生的独立思考

和判断能力，使学生拥有健全的人格和较强的责任心。目前，国内高校通识课主要包含三类内容：一是大学外语、体育等公共基础课；二是相关专业的共同基础课，如理工科开设数学课程，文科开设大学语文课程等；三是跨专业基础上的素质拓展类课程，如艺术素养、传统文化、自然辩证法等课程。通识课要么是上述三者的单一称谓，要么是三者的排列组合，在不同学校表述不一。不过，无论具体是哪一种课程，人们应该认识到基于通才教育而设立的通识课，是相对于专业课而言的，其主要目的在于提升学生的素质与能力，虽也涉及一些育德的成分，但却不能与课程思政等同，仍然需要挖掘其中的思政元素进行有意识的教育。换句话说，通识课不是课程思政课，它依然需要课程思政教育。

也就是说，课程思政的价值与意蕴体现在所有课程中，不是一门课、几门课，甚至通识课所能体现的。为了让更多的教师了解课程思政，掌握较好的课程思政技巧，进行一些专门的培训，举办一些讲座，甚至开设一些针对教师的课程思政方法类课程本无可厚非，但如果为了课程思政专门针对学生开设一门或多门的政治教育、道德教育类课程，则是画蛇添足。课程思政不是新设课程，而是要在包括通识课在内的所有课程中，挖掘、提炼课程本身内含的信念追求、道德规范、社会责任、家国情怀、科学素养、人文精神等思想政治教育资源，通过知识传授与价值引领的有机统一，培养专业能力强、科学素养高、人文情怀深的时代新人。

当然，对课程思政的强调，不是说在所有课程的运行过程中必谈思政，不是对所有的课程都强力推行课程思政，而是强调在教育者的大脑中要有课程思政之理念，紧绷课程思政之弦，具体如何应用，取决于方方面面的因素，没有固定模式可遵循。一些学科的基础理论课、一些技术性强的课程、一些纯粹的自然科学类课程，不一定非得要进行专门的思政教育，生硬地添加思政元素，不仅不能起到预设效果，相反可能走向事物的反面。此时，传授者对待学生的态度、对待知识的热爱、对科学问题的热忱，可能会产生意想不到的育人效果，这也是课程思政。另外，课程思政也不是在专业课上大谈政治、道德，也不是挤占原定专业课时间，将专业课上成政治课、思政课，只是要求在知识传授中进行适当的价值引导，不一定需要长篇累牍，有时寥寥数语能起关键作用即可，也不是要求每节课都如此，要根据专业要求、传授内容的需要适时调整。

五、课程思政的实践动力在于持续推进、推陈出新

课程思政不是理论的抽象建构，而是实践的持续推进与优化，不是千篇一律，而是特色各异。如同所有人类活动一样，课程思政也需要理论支撑，马克思主义理论、相关教育理论已经对此作出了详细的说明与解读。当前，课程思政的理论阐述、价值意义已经相当明了，固然需要建构课程思政的框架体系，但目前最迫切的却是，实践中的推进与创新，继而由实践进行总结与再实践。

课程思政的推进是个非常艰难的过程，也是个复杂的过程。一是课程思政涉及除思政课之外的所有课程，内容庞杂且没有统一标准；二是不同的专业、不同的课程均有自己的属性要求与运行规律，课程思政虽然是其自身的一部分，但运行中很难把握“度”；三是伴随高校教师学历水平的提高，教育者本身的知识素养与传授能力不容置疑，但相当一部分人在对学生心理规律的认识与把握、对学生思想引导方面却显得无助与乏力；四是相较以往，学生的知识水平与认识事物的能力均有了质的飞跃，课程思政如果不考虑学情，不顾学生的感受，不能水到渠成，即使避免了人为地、强硬地添加，也会引起学生的反感。

由此可见，人们需要在实践中不断探索，甚至不断地试错，才能找到合乎不同课程的课程思政之路。不同的学校、不同的课程，均可以立足自身设定进行不同方式的择取，只要能达到课程思政的目的，只要能激发学生的兴趣，任何科学的方式均可运用。甚至在同一学校、同一专业的同一课程中，在不同的教师那里，课程思政也可展现不同的样式，

关键是立足所处学校、所处专业来开展课程思政教学。例如，对于传统文化类课程而言，海洋类院校与师范院校在课程思政方面完全可以不同，前者可以着重讲授海洋文化，让学生了解不同于西方海洋发展模式的独特的中国海洋文化传统。恰恰相反，如果这两类院校的传统文化课程在讲授内容方面完全雷同，则需要反思我们的课程思政了。当然，这并不是说在课程思政的教学中，没有规律可遵循，没有经验可总结，没有模式可推广。实际上，许多课程有共通之处，许多内容有相互借鉴的地方，课程思政的运行也需要建立相关的制度，归纳总结课程思政标准，乃至制定负面清单。如在高等数学微积分课程中，讲述常量与变量、有限与无限、微分与积分、离散与连续、有界与无界等抽象难懂的概念时，无论哪一类学校、哪一类专业，都需要揭示其内含的质变与量变、矛盾对立统一等哲学原理。这不是对课程思政共性的否定，而是重在强调，课程思政与其他课程不同，除共同的课程运行规律、教育规律之外，课程思政更需要的是因势而新、因事而化、因时而进，这是对课程思政实践的根本要求。

六、课程思政的运转保障在于合力推动、系统施策

课程思政不是碎片化的，不是单一课程、单个人所能完成的，它需要全员参与，需要系统化设计与运作。有人认为，课程思政如同思政课一样，属于意识形态范畴，这是宣传部门主抓、马克思主义学院主管的事情；有人认为，课程思政不同于思政课，课程思政的重心在于课程教学，应该归教务部门主管；也有人认为，课程思政就是“课程 + 德育”，课程教学由专业教师负责，实践教育由辅导员来完成；还有人认为，课程思政是新生事物，管理界限不明，可以成立专门的机构予以管理，等等。也正是人们认识的不一致，造成了当前课程思政认识与实践的乱象，而这也恰恰说明课程思政的复杂，需要系统化思维，综合用力。

习近平总书记指出：“思想政治工作从根本上说是做人的工作，必须

围绕学生、关照学生、服务学生，不断提高学生思想水平、政治觉悟、道德品质、文化素养，让学生成为德才兼备、全面发展的人才。”①做人的工作的思想政治教育，不是高校中的任何单一因素所能独立完成的，既需要从党委、行政到职能部门、二级学院的重视与统筹，也需要从领导、教师到一般职员、服务人员的参与，更需要第一课堂与第二课堂的协调联动，以及学生主体性的充分调动与发挥。作为高校思想政治教育的重要组成部分，课程思政更多关注人的发展，尤其是精神的建构，依然需要上述思想政治教育合力的共同支持与推动。为此，教育部于 2020 年 5 月颁布的《高等学校课程思政建设指导纲要》明确指出：“全面推进课程思政建设是落实立德树人根本任务的战略举措。”“要紧紧抓住教师队伍‘主力军’、课程建设‘主战场’、课堂教学‘主渠道’，让所有高校、所有教师、所有课程都承担好育人责任，守好一段渠、种好责任田，使各类课程与思政课程同向同行，将显性教育和隐性教育相统一，形成协同效应，构建全员全程全方位育人大格局。”②

由此可见，对于课程思政要运用系统思维，综合施策，形成重视课程思政、研究课程思政、深化课程思政实践的氛围、制度、政策支持。当然，具体而言，课程思政毕竟要体现在一门门课程中，“课程学习的终极目的不是只学习课程知识，即停留于把握学科的概念与原理，提升认知水平，而是要使学生在知识学习的过程中，通过思维的训练运演，形成自己的独立判断，练就较强的思维能力，在反思的基础上形成内心的信念，明确生活目标和人生方向。”③在此之中，教师与学生主体性、积极性的激发至关重要。学生参与意识的强弱、自我反思的水平，教师态度、

① 习近平在全国高校思想政治工作会议上强调：把思想政治工作贯穿教育教学全过程 开创我国高等教育事业发展新局面 [N]. 人民日报，2016-12-09（1）.

② 教育部关于印发《高等学校课程思政建设指导纲要》的通知 [EB/OL].（2020-05-28）[2024-06-10].http://www.gov.cn/zhengce/zhengceku/2020-06/06/content_5517606.htm.

③ 高国希 . 构建课程思政体系的教育哲学审视 [J]. 思想理论教育，2020（10）：4-9.

情感的表露与影响，以及语言、方法的运用与渗透都对课程思政效果发挥着重要作用。值得一提的是，课程思政对教师教学素养的要求颇高，如何在不影响专业知识传授的同时实现育德，如何在知识的讲授中实施思政影响，达到润物无声的效果，是每一个教师都需要认真思考并努力践行的。此外，课程思政不同于一般课程，课程设计具有明显的交叉性，教师需要借鉴运用相关学科、专业、课程的理论与方式方法，激发学生的价值感受、人文情怀、道德心理。如语言类学科专业的相关课程可以借助心理学、社会学、教育学等学科的理论与方法对专业内容进行科学阐释，对教学进行有效变革。

第一章 课程思政的理念

理清课程思政的理念对于高校思政教育具有深远的意义。明确教育方向：课程思政理念明确了思政教育在高等教育中的核心地位和作用，为高校思政教育指明了方向。它强调思政教育应贯穿学科教学的全过程，实现知识与价值、能力与品格的同步提升。强化育人目标：课程思政的理念将立德树人作为根本任务，强化了高校在人才培养中的育人功能。它不仅仅关注学生的知识学习，更注重学生的品德培养、价值观塑造和社会责任感的增强。促进学科融合：课程思政倡导将思政元素融入专业课程，实现思政教育与专业教育的有机融合。这有助于打破学科壁垒，促进不同学科之间的交叉与融合，形成全员、全过程、全方位的育人格局。

第一节 课程思政的“前世今生”

“课程思政”是中国传统育人思想、百年思想政治教育探索和中国高质量教育体系建设的产物。它孕育于中国传统育人思想的历史谱系中、诞生于中国共产党的思想政治教育探索中、成长于教育强国背景下高质量教育体系建设的步伐中。

一、课程思政的孕育阶段：中国传统育人思想的沿革

中国传统育人思想的发展历程，同中国古代教育的发展历程是分不开的，在不同朝代教育理念中的呈现又各有特色。就其大的阶段而言，大约历经了先秦的百家争鸣、汉朝的独尊儒术、魏晋的玄学、唐朝的三教并行、宋明的理学、明清的实学及近代的西学东渐。[①]悠久的文明和稳定的社会形态，为形成特色鲜明、内涵丰富的中国传统育人思想提供了价值基础和物质基础。

中国传统育人思想起源很早。西周的“六艺”教育中就包含思想道德、礼仪规范、内心情感修养等多方面的育人因素。春秋战国时期，整个社会处于动荡与变革之中，为各种德育思想的出现和发展提供了新的契机。当然，无论是从受教育者普遍性的意义上，还是从育人开展的目的性、计划性、系统性和实效性上，千古显学、儒家学派代表人物孔子都可谓是中华传统德育的真正建构者。[②]总之，先秦时期是中国传统育人思想的发轫阶段，育人思想开始与政治生活相连，这也为中国古代育人思想的发展奠定了基础，直到今天还可以找到大量的闪光点。汉代统治阶级确立并推行儒家思想，初步奠定了其在中国封建社会中的正统地位，以儒家思想学说作为发展社会教育的主导思想和教育内容得以积极推行，它虽然在某种程度上不利于人们主观能动性的发挥和自然科学的发展，但对中华民族共同心理的形塑、中华民族特点的形成、中华民族文化特性的定型以及中华民族在文化范围内的统一稳固起到了非常重要的作用。魏晋动荡，清谈的士大夫却用智慧和热情塑造了超越世俗又服务

① 汪世堂．试论中国古代教育思想演进的若干文化特征[J]．天水师范学院学报，2010，30（1）：93-96.

② 李健．孔子思想的德育阐释[M]．成都：四川大学出版社，2021：49.

于社会的自然主义教育观，自然亲爱、推爱及物等育人思想对后世产生了深远影响。[①]唐朝以儒为主兼容释道的理学思想体系，更加注重道德品质的重要作用，儒家的道德思想更加成为贯穿千余年封建社会的一条主线。宋明理学家在儒学的伦理道德学说的基础上，改进了单调的道德伦理的说教，更加注重个人修养及内心反省，使得理学道德教育理论更具思辨性，封建德育体系更为完善。[②]明清时期涌现了一批倡导实学的启蒙教育思想家，他们充分肯定教育对于人的培养和改造的重要作用，将几千年来争论不清的教育与素质关系的问题，辨析出许多合理的、具有科学性的结论。明清的实学教育思想，使传统德育得到了进一步发展。西学东渐是近代中国特有的重要历史现象和发展潮流，中国传统道德教育开始广泛地与社会政治活动、经济活动发生深刻的关联，从而对公众价值观或共同体意识的形成起到积极作用，弥补了中国传统道德教育理论的先天不足，为中国道德教育理论向其寻求借鉴创造了外部条件。马克思曾在《马克思恩格斯选集：第二卷》中指出："历史从哪里开始，思想进程也应当从哪里开始，而思想进程的进一步发展不过是历史过程在抽象的、理论上前后一贯的形式上的反映，这种反映是经过修正的，然而是按照现实的历史过程本身的规律修正的。"从克己内省到兼善天下，从知与行到义与利，中国传统育人思想承载着中国人对真善美的追求、锻造着中国人的品性、传承着中国人的民族精神。当然，中国传统育人思想因其政治性、思想性、道德性，也成为千百年来中华民族精神建构的稳固基石。

---

① 顾明远．中国教育大系：历代教育论著选评：一[M]．武汉：湖北教育出版社，2015：455.

② 王洪车．中国特色社会主义：现时期德育的时代定位[J]．浙江青年专修学院学报，2011，29（1）：12-14.

二、课程思政的形成阶段：中国共产党百年思想政治教育探索

在中国共产党的百年发展征程中，思想政治教育不仅是中国共产党人推进自我革命的重要途径，也是开展治国理政的重要方式。

1921 年中国共产党诞生后，虽未形成明确的思想政治教育制度，但以“要素”的形式存在于党的活动中的思想政治教育同样发挥着重要作用。如中国共产党广泛宣传马克思主义，通过创立以社会主义青年团为代表的多个青年团体组织、创办《共产党》月刊、《劳动界》周刊等一系列的实践探索来启发和提高人民群众的思想觉悟。同时，中国共产党与各种社会思潮（资产阶级改良主义、无政府主义、“左”倾教条主义、右倾机会主义、修正主义等）展开激烈的论战，[①] 用实际行动一次次击退、扫除非马克思主义的言论，例证了中国共产党思想政治教育的有效性和重要价值。1927 年的“三湾改编”将党的支部建在连上，统一了连以上干部的思想，对团结人民、瓦解敌军起到了重要作用。1929 年 12 月召开的古田会议要求用无产阶级思想建设无产阶级的政党和人民军队，把马克思主义基本原理和中国革命具体实践相结合，创造性地提出了“思想建党，政治建军”[②] 的重要原则。1934 年初，在中国工农红军第一次全国政治工作会议上，王稼祥、朱德等党和红军主要领导人阐述了“政治工作是红军的生命线”的科学论断，中国共产党思想政治工作“生命线”理论开始形成。抗日战争爆发后，时任中共中央革命军事委员会总政治部副主任的谭政起草《关于军队政治工作问题的报告》并在中共中央西北局高级干部会议上发表，该报告系统论述了有关人民军队政治工作的性质、地位和原则，并提出了改革政治工作组织形式和工作制度的意见，成为继《古田会议决议》以后中国共产党思想政治教育理论初步成熟的

① 中共湖南省委党史研究院．中国共产党湖南历史：第一卷[M].北京：中共党史出版社，2021：55.

② 石仲泉．百年大党百件大事[M].济南：山东教育出版社，2023：67.

标志。1942年，中央在各抗日根据地开展整风运动，毛泽东创造性地提出了“惩前毖后，治病救人”[①]的方针，党的思想政治教育的基本理论体系开始形成。1946年，解放战争全面爆发，马克思主义国家学说教育、形势任务教育、诉苦教育、土改教育、政策纪律教育和民主教育等思想政治教育形式陆续开展，巩固并强化了人民军队的革命信仰。中华人民共和国成立后，党初步探索执政条件下如何开展思想政治教育。从1950年开始，我国围绕百废待举、除旧布新、建设新的社会风貌等目标出台了《关于在全党全军开展整风运动的指示》《关于加强理论教育的决定（草案）》等一系列政策。同期教育部密集出台相关文件，对高等院校的思想政治教育作出规定。1978年党的十一届三中全会召开，从根本上取消了“左”倾错误思想的指导地位，重新确立了以“实事求是”为核心的马克思主义思想的指导地位，实现了党的工作重点的战略转移，为思想政治教育重回正常的轨道提供了保障。总之，这一时期党的思想政治教育得到了巩固和发展。从1981年十一届六中全会召开至党的十八大召开前，党的思想政治教育进一步走向成熟，思想政治教育开始作为一种相对独立和完整的教育形态进入学校教育内容中，思想政治教育迈入规范化发展阶段。1985年8月，中共中央发布《关于改革学校思想品德和政治理论课程教学的通知》，成为新时期各级各类学校思想理论课程所要遵循的重要指导性文件。从1993年到1998年，国家教育委员会陆续发布了《小学德育大纲》《中学德育大纲》《中小学德育工作规程》以及《中国普通高等学校德育大纲（试行）》等纲领性文件，对各层次学校德育的目标、内容、原则、途径和实施等作出了一系列规定。1997年党的十五大提出科教兴国战略，并通过探索新的载体、新的途径和新的方法，全面推进和加强中国共产党思想政治教育工作。全面建设小康社会时期，

① 郭呈才．延安时期中国共产党思想政治教育观的群众实践逻辑 [J]. 思想理论教育导刊，2024（2）：77-84.

“三个代表”重要思想、科学发展观的确立，为新时期党的思想政治教育的长足发展提供了丰厚的理论滋养。

2012 年党的十八大召开至今，是党的思想政治教育实现新发展的时期。2021 年，在建党百年之际，中共中央、国务院印发了《关于新时代加强和改进思想政治工作的意见》，为思想政治教育的进一步发展指明了目标和方向，将思想政治教育方面的任务进一步落细、落实。习近平总书记尤其重视对青年一代的思想政治教育，他指出：“思想政治工作从根本上说是做人的工作，必须围绕学生、关照学生、服务学生，不断提高学生思想水平、政治觉悟、道德品质、文化素养，让学生成为德才兼备、全面发展的人才。”[①] 同期党中央和国务院陆续印发《关于加强和改进新形势下高校思想政治工作的意见》《新时代爱国主义教育实施纲要》《关于新时代加强和改进思想政治工作的意见》等重要文件，对深入开展思想政治教育工作提出了明确要求，进一步推动了思想政治教育工作落到实处。

理论创新每前进一步，理论武装就要跟进一步。回望中国共产党百年思想政治教育探索历程，思想政治工作作为党的鲜明特点和政治优势，一直是事关民族向心力、凝聚力，事关国家长久治安的一项重要的系统工程。要促进我党思想政治教育长足有序发展，就离不开将马克思主义应用于中国实际，离不开马克思主义中国化时代化的理论。高校思想政治教育工作要继承和发扬党的思想政治教育优良传统，明确党的思想政治教育地位和学科归属，努力发挥思想政治工作“生命线”作用。

三、课程思政的成形阶段：课程思政教育理念的持续推进

课程思政根植于中国传统育人思想的丰富土壤，生长在中国共产党

① 习近平在全国高校思想政治工作会议上强调：把思想政治工作贯穿教育教学全过程 开创我国高等教育事业发展新局面[N].人民日报，2016-12-09（1）.

百年的思想政治教育探索中，其发展经历了从理论探索到政策出台、从部分试点到全面推进的过程。1987 年，“把思想政治教育与业务教学工作结合起来”[①]成为高等学校思想政治工作重要路径，高等学校要努力建设坚强的马克思主义理论队伍和思想政治工作队伍。1995 年 11 月，国家教育委员会颁布《中国普通高等学校德育大纲（试行）》，提出要发挥各科教学中的德育功能，结合教学相关内容和各个环节，有机地对学生实施德育。[②]2004 年 8 月，中共中央、国务院印发的《关于进一步加强和改进大学生思想政治教育的意见》中提出高等学校各门课程都具有育人功能，所有教师都负有育人职责。在高校教学中“要深入发掘各类课程的思想政治教育资源，在传授专业知识过程中加强思想政治教育，使学生在学习科学文化知识过程中，自觉加强思想道德修养，提高政治觉悟”。这时已明显可见“课程思政”的影子。之后党中央先后出台了一系列文件，开启了学校德育课程改革的探索之路。2014 年，为了解决大学生思想政治教育的“孤岛”困境，尤其是解决思想政治理论课与其他课程之间存在的“两张皮”现象，上海市委、市政府率先提出“课程思政”的理念，旨在开发各门课程的思想政治教育资源，充分发挥所有课程蕴含的思政教育功能。上海市在初步探索的过程中逐渐意识到，高校思想政治教育工作不能就“思政课”谈“思政课”建设，[③]应跳出原有框架将思想政治教育贯穿教育全过程，也就是使每一门课程均充分发挥各自的思想政治教育功能，由此所有教师都真正地担起育人责任。而上海市提出的“以思政课为核心、综合素养课为支撑、专业课为辐射”三位

① 龚海泉．当代大学德育史论[M]. 武汉：华中师范大学出版社，1997：102.

② 《中国教育年鉴》编辑部．中国教育年鉴：1996[M]. 北京：人民教育出版社，1997：930.

③ 孙小博．高教视界：课程思政与高校思想政治教育的整合与互动研究[M]. 北京：北京教育出版社，2023：17.

一体模式作为先期探索经验被吸纳进中央 31 号文件中。[①]2016 年 12 月，习近平总书记在全国高校思想政治教育工作会议上明确指出："其他各门课都要守好一段渠、种好责任田，使各类课程与思想政治理论课同向同行，形成协同效应。"2017 年，中共中央、国务院印发的《关于加强和改进新形势下高校思想政治工作的意见》（以下简称《意见》）再次强调了"课程思政"的重要性。该《意见》明确指出："把思想价值引领贯穿教育教学全过程和各环节，形成教书育人、科研育人、实践育人、管理育人、服务育人、文化育人、组织育人长效机制。"同年 12 月，教育部党组印发的《高校思想政治工作质量提升工程实施纲要》对课程、科研、实践、文化等育人模块的实施内容、载体、路径和方法进行了详细说明，"课程思政"概念开始正式使用，相关课程建设及理论研究也逐渐展开。2018 年教师节，习近平总书记在全国教育大会上再次强调："要把立德树人融入思想道德教育、文化知识教育、社会实践教育各环节。"[②] 在 2019 年的学校思想政治理论课教师座谈会上，习近平总书记旗帜鲜明地指出："要加大对学生认知规律和接受特点的研究，要坚持灌输性和启发性相统一，要坚持显性教育和隐性教育相统一，挖掘其他课程和教学方式中蕴含的思想政治教育资源，实现全员全程全方位育人。"这就意味着要把握思想政治理论课主渠道，逐步激发各类课程的育人功能。2020 年 5 月，教育部印发的《高等学校课程思政建设指导纲要》，课程思政开始由理念走向实践，从雏形走向体系，从试点走向全面。在党和国家、省市和高校的高度重视下，近些年课程思政的建设不断深入，课程思政相关理论逐渐完善、一批批优质课程思政示范课不断涌现、各门课程教师的课

---

① 上海市加快推进高校"课程思政"改革充分发挥课堂教学主渠道作用 [EB/OL]. 中华人民共和国教育部网站，[2017-12-28]（2024-06-16）.http://www.moe.gov.cn/jyb_sjzl/s3165/201712/t20171228_323198.html.

② 习近平：坚持中国特色社会主义教育发展道路培养德智体美劳全面发展的社会主义建设者和接班人 [N]. 人民日报，2018-09-11（1）.

程思政建设意识和能力明显增强、学生对课程思政教学的满意度逐年升高，课程思政建设初显成效，稳步发展。

第二节　课程思政的提出背景

中国特色社会主义已进入新时代，站在中华民族伟大复兴战略全局和世界百年未有之大变局的历史交汇点，中国特色社会主义建设面临着机遇与挑战并存的复杂的国内外局势。习近平总书记指出："在改革、开放过程中，有大量的外国东西涌入，其中有不少腐朽、没落的东西，首当其冲、最易受影响的是青年。"① 高校作为思想政治教育的主阵地之一，落实新时代立德树人根本任务，将思想政治教育融入教育教学的全过程、各环节、各方面，就要从高等教育"育人"本质要求出发，实现从"思政课程"向"课程思政"的创造性转化。

一、无德不立：新时代立德树人根本任务的强烈呼唤

培养什么人，是教育的首要问题。让学生德智体美劳全面发展，归根到底就是立德树人。"立德"是教育的基础，"树人"则是教育的终极追求。立德树人是高校的立身之本和工作的中心环节，立德树人的成效是检验学校教育教学工作的根本标准。党的十八大以来，以习近平同志为核心的党中央立足党和国家工作全局，高度重视立德树人根本任务的落实，围绕如何落实立德树人根本任务发表了一系列重要讲话、作出了一系列重要论述，深刻阐明了立德树人的科学内涵，全面解答了新时代

① 习近平．摆脱贫困[M]．福州：福建人民出版社，1992：110.

高校落实立德树人根本任务的重要意义，为新时代教育改革发展指明了方向，为高校教育落实立德树人根本任务提供了科学指南和实践指导。

学术界普遍认为，新时代立德树人根本任务强烈呼唤高校课程思政的产生与开展，在高校全面开展课程思政建设是推动落实立德树人根本任务的重要路径之一。高校的课程思政建设越积极、扎实，“立德树人”就越高效、稳妥。而要想让立德树人不仅仅停留在政策层面、专业层面，真正落实到学生的头脑与行动中，则需要回到教育育人的本原，从课程育德的角度深入思考和开展课程思政。课程思政不是一种新的理论体系，它是对教育本原育人思想的逻辑回归，课程思政不是思政元素的外部移植，也不是新设一门课或几门课，而是旨在激发、调动、实现已有的诸多非思政课程的育人功能，实则可以将立德树人具体化、可操作化的一种综合教育理念。总之，在新时代立德树人根本任务的指引之下，通过课程思政实现对不同专业课程的课程目标的重新梳理，让大学生在学习专业知识与技能的过程之中潜移默化地形成良好的三观，最终发展成为国家、民族所亟须的、具有现代意识、时代精神以及使命责任的人才。

二、使命担当：高校承担公共责任的应然向度

目前，公共性成为思想政治教育领域的新热点。在马克思主义哲学语境下，公共性是一个多层次的概念，对于个体来说要有公共意识和公共参与，对于社会来说要构建公共理性和公共秩序，维护公共利益。人是社会的人，教育应该培育学生的公共精神，引导学生尊重公共伦理、承担公共责任、关怀公共事务、促进社会进步和维护社会公共利益等。高等学校的课程思政究其本质是提升人的思想道德水平，维持社会良好公共秩序的活动，这体现了公共性在个体层面及社会层面的哲学旨趣。作为具有公共意义的意识形态活动，高校课程思政具有不可替代的公共使命，目的是推动一种立足全体社会成员的社会共识的达成，也就是公共性。换言之，在教育教学中促使每一名社会公民进行积极的、多元化

的公共交往与公共实践，才能真正实现具有“公共性”的社会图景与超越市民社会的国家理想。[①]

实现人的公共性是高校课程思政教学“公共责任”[②]的使命担当。课程思政作为国家意志的体现，意味着各门课程都需要基于“思政”进行建设，力求反映当前社会的主流价值观念。当然，任何教学都需要坚持个体性和公共性、知识性和价值性相统一的原则，使课程思政在构建普遍性的价值秩序基础上，营造全社会的价值共识，最终达到超越个体理性的公共理性。高校课程思政是蕴含思政教育目标的活动，公共性维度中的任何要素都可以作为课程思政内容存在，继而，思政元素应运而生，它们作为具有时代性、特殊性等特点的公共知识，融入各门专业课程之中。高校课程思政的提出，意味着在课程思政实施的过程中，教师肩负着在课程的场域内实现培养人的公共使命。[③]

三、三全育人：高校思政课程融入专业课程的实践进路

长期以来，高校思政课承担着思想政治教育的重任，并且发挥着越来越不可替代的作用。但不可否认的是，在本该合力推动思想政治教育深化的高校中也出现了思政课教师单兵作战、孤军奋战的“孤岛现象”，思政课教学难以做到师生同频共振。“课程思政”的提出让所有课程都含有“思政”元素，从制度层面将“思政”融入高等学校各类专业课程中，而如何让“思政”在课程中实现全方位全领域的实施，更好地把握课堂教学这个“主渠道”，“三全育人”理念为其提供了实践进路。

2016 年 12 月，习近平总书记在全国高校思想政治工作会议上强调：

① 赵玲玉，陈富国．公共性视域下中国式现代化对西方现代性的超越 [J]. 长白学刊，2023（4）：23-30.

② 董尚文．课程思政教学研究 [M]. 武汉：华中科技大学出版社，2021：55.

③ 李洪修，崔亚雪．高校课程思政教学的“公共使命”[J]. 中国大学教学，2022（4）：32-39.

“把思想政治工作贯穿教育教学全过程，实现全程育人、全方位育人，努力开创我国高等教育事业发展新局面。”2017 年 2 月 27 日，中共中央、国务院印发了《关于加强和改进新形势下高校思想政治工作的意见》，确立的基本原则是“坚持全员全过程全方位育人，把思想价值引领贯穿教育教学全过程和各环节，形成教书育人、科研育人、实践育人、管理育人、服务育人、文化育人、组织育人长效机制。”由此可见，课程思政建设的初心与使命是“将高校思想政治教育融入课程教学和改革的各环节、各方面，实现立德树人润物无声。”[①] 通过一次次理论探索，人们明确了课程思政不是简单的“专业课程”与“思想政治”机械式的叠加拼凑组合，不是在高校原有课程基础上再增设一门课程，不是将“思想政治”教育内容生硬楔入专业课程，也不是在高校增设一项活动，而是升级版的课程德育，即在所有高校、所有学科、所有专业都要树立“三全育人”理念，全面提升育人能力，进一步提高立德树人成效。课程思政理念是应对思政课程“孤岛困境”的有益探索，有利于形成思政课程、综合素养课程和专业教育课程“三位一体”的课程体系，打破“专业课程”和“思政课程”之间的绝缘状态，使“专业课程”和“思政课程”产生聚力，实现全员全过程全方位育人。高等学校应当在课程思政理念的指导下，不断探索创新课程思政新模式。

总之，“三全育人”作为育人理念、育人模式和育人机制，在整合资源、调动力量、做好各个环节的工作等方面为高校课程思政理念的实施指明了方向。

四、大国雁阵：高校师资力量全面提升的关键举措

教育的关键在人。真正决定教育品质的，永远取决于讲台上的那个

① 高德毅，宗爱东．从思政课程到课程思政：从战略高度构建高校思想政治教育课程体系 [J]. 中国高等教育，2017（1）：43-46.

人。其他一切，无论制度、经费、技术还是其他，真正的目标都应该是创造条件，更好地为人服务，为教师服务。[①]所以，教师只有真学、真懂、真信、真用课程思政，才能把高校思政课程融入专业课程。这就要求人们在对专业课程教学进行评价时，要把高校教师是否将思想政治教育与专业教学相结合作为衡量其综合授课水平的重要依据。从知识技能来看，要强化教师的思政育人意识，加强教师对习近平新时代中国特色社会主义思想、中华优秀传统文化和校史校情的认知，引导教师在教学中多采用案例式、互动式、探究式等新颖的教学模式，深化思政育人成效。2023年9月9日，习近平总书记致信全国优秀教师代表时强调要“大力弘扬教育家精神”，[②]信中，习近平总书记深刻阐释了中国特有的教育家精神的丰富内涵，为新时代教师群体提供了重要的价值引领。以教育家精神为导向来看，课程思政是有言之教和无言之教的统一，高校教师作为思想和真理的传播者，要坚持以德立身、以德立学、以德施教，树立更高标准，践行更严要求，在言传身教、潜移默化中传递价值理念和道德情操。

“课程思政”是所有教师教书育人的应有之义，是课程教学的价值回归，而不是对教师额外的要求，更不是给教师添加额外的负担，应实现全体教师对课程思政的共识。大思政课不仅是思政课教师的职责，也是所有干部、教师的共同责任，而在高校课程思政的建设中，如何打造“头雁”领航、“强雁”护航、“群雁”随航、“雏雁”续航的育人格局，[③]则需要形成多主体融合的思政育人大雁阵，打造高水平师资队伍，充分释放教师思政育人潜能。如通过遴选课程思政名师、讲好课程思政示范课、打造名师工作室等方式培养课程思政良师雁阵的领头雁，发挥传帮带作用形成课程思政的“金课矩阵”“名师孵化器”“青椒蓄水池”。

① 朱永新．好老师就是生命的英雄[N]．中国教育报，2015-09-07（2）．

② 习近平．习近平致全国优秀教师代表的信[N]．人民日报，2023-09-10（1）．

③ 钟荣岳，范智娟．雁阵文化的理念与实践[M]．广州：中山大学出版社，2021：5.

第三节　课程思政的基本意蕴[①]

近年来，学界围绕课程思政的概念内涵、价值意义、路径方法等进行了诸多建设性探索，课程思政也逐渐成为高等教育教学改革的主要创新点和突破点。通常来讲，可以从广义和狭义两个层面理解课程思政。广义的理解指在高校中通过所有课程进行全面、系统育人，而狭义的理解则是将上述“所有课程”限定为思政课程以外的课程，尤其聚焦于专业课程的育人功能。在课程思政广义理解上，学界对其学理性研究保持了高度一致，在此无须赘述，但在狭义理解上的专业课课程思政研究尚有一些较深层次的问题等待挖掘，有一些误区和偏见亟待厘清。因此有必要基于专业课课程思政，在如火如荼的形势下廓清误识，重塑课程思政的本真形象和特质，从而更好地指导和服务课程思政建设实践。

其实，课程的设置和教学过程不仅要以传授知识为目标，更要通过各种方式引向思维和能力培养的深处，使学生深刻感知到知识和规律发现背后的理性逻辑、艰辛过程和感人故事，真切感受到知识发现者身上有温度的理念情怀、人格操守、德行风骨、价值追求，使刻板的专业教育升华为情感和道德育人，使知识在课堂传递中跃动人文旋律、在理性推演中注入精神活力、在思维碰撞中构建价值取向，将这种奋发有为的求知态度内化为服务学科专业发展、服务国家和社会进步的不竭动力。

① 张旭，李合亮．廓清与重塑：回归课程思政的本质意蕴[J].思想教育研究，2021（5）：116-121.

因此，课程思政是为顺应新时代人才发展需要，在高校课程中开展的综合性教育效果提升工程，它既服务于立德树人总目标，又服务于课程教育和知识体系，从专业上培养能力过硬、具有基本科学素养的合格建设者，从道德上培育值得信赖、具有坚定政治素养的可靠接班人，使有血有肉有灵魂的专业课教学成为塑造时代新人的主渠道。围绕这一点展开讨论，就能较为清晰地分辨哪些是关于课程思政的误解和偏见，哪些是其本质意蕴。

一、课程思政镜像之喻的滥觞

时下有关课程思政的比喻大都生动形象，但较为流行的几种比喻往往只是反映和放大了课程思政某一方面的特征，成为一种缺失完整性理解的“镜像之喻”。

（一）几种流行的课程思政“镜像之喻”

第一，拓展说。拓展说是流传最广的课程思政比喻，它认为课程思政是思政课程的一种拓展，从而增加思想政治教育的载体和渠道，将思想政治教育融于专业课、通识课之中，使各类课程出“思政味”。拓展说虽意识到了课程思政肩负的育德任务，但却有较为明显的缺陷。首先，它割裂了课程内部的知识结构与育人元素、育人功能的联系。拓展说与类似的内嵌、互嵌关系说一样，都强调外部思想政治教育的渗入，忽视了原生于专业课程内部的育人效果。课程思政实际上是专业课程主动性的升华，2020 年 6 月，教育部组织召开全面推进高校课程思政建设工作视频会议，会议中强调，要充分发挥好专业课教师“主力军”、专业课教学“主战场”、专业课课堂“主渠道”的作用。其次，外部“添加”的方式有待商榷。课程思政既不能理解为“课程 + 思政”的物理反应，也不能理解为是一种化学反应，因为最优质的思政育人功能本身就蕴含在课程中，而不是从外部添加。如果视其为一种拓展，就有可能过度关注拓展部分的内容和拓展的方式，而不是关注课程教育本身。所以，课程思政关键在于如何把这碗“白米饭”做得香甜，而不是非要将“白米饭”变成“八宝粥”。

第二，挖矿说。挖矿说认为课程思政就是到课程中挖掘思政育人元素，以此凸显课程的育人价值。这一学说虽然在“思政元素埋藏于课程内部”的预设下，实现了课程内容专业育人和价值育人的统一，但在两个方面难以自圆其说。一方面，机械化地看待专业课程。与拓展说相反，挖矿说预设了“各类学科、各门课程都蕴含丰富的思政元素”。这是值得肯定的，但是这些元素的大小、多少、挖掘难易度却有较大区别，挖矿说在看待这些差异时过于笼统和机械，没有深入分析。另一方面，挖矿说停留在资源型勘探上，没有真正触及如何展现矿藏价值这一核心问题。这就使课程思政成为一种苦力活，没有提高到价值提炼、展现和传递层次上。其实从上下两个向度来看，课程向下挖掘的是专业理论的内涵深度，而课程思政则是要伴随这一挖掘过程，挑选出有育人效果的矿藏，同时向上进行价值、思想的升华。

第三，同心圆说。同心圆说构建了育人结构图像：内圈为思政课程，中圈为通识课程，外圈分别为社会科学课程、自然科学课程。同心圆说充分体现了课程思政和思政课程在育人方向上的一致性，但是这种圆圈图示无法表征出完整的课程思政意蕴。一方面，这种圆圈图示是对课程论的滥用。同心圆是育人效果、方向上的比喻，但是这种图示让人联想到“课程设置是否也要围绕此展开”，那就会使课程思政成为一种“类思政课程”的扩展。另一方面，这种圆圈图示是对“圆心”的错误理解。思政课程所在的应该是一种内核型结构，而不是“圆心”，“圆心”应该是立德树人、铸魂育人。内核的思政课程在育人效果上发挥了重要的核心、统领作用，其他课程中的课程思政发挥着积极和重要的支撑作用，但两者间并不是渠道、路径之分那么简单。

（二）较为契合课程思政本质的比喻

当前较为契合课程思政本质的比喻是基因说，即从课程内部结构和原生内容中提炼育人功能，从而通过课程思政“唤醒课程的育人基因”。

第一，基因说充分体现了育人元素、功能的内在性和内生性。从逻辑上讲，课程思政可以体现出三种有层次差别的思政育人元素。由下至上，第三档是内嵌的，即由外部浸润但是能很好地与原本专业内容结合的；第二档是内生的，即经过点拨而从原本课程中体现出来的“思政味”育人元素；第一档是内在的，即课程自然呈现出来的育人元素。第二档和第一档才是人们关注的重点，它们更能持久推动课程思政的发展和完善。这些瑰宝般的内在性、内生性育人元素发挥出的育人功能，能够使学生自觉构建系统有序的知识体系，准确定位课程群内部的辩证关系，以此拓展到知识体系与社会体系的互动关系中，完成课程价值、个人价值与社会价值的统一。“这样一种知识框架的形成所指向的便是具有知识宽度的教学观的建构，全面推进课程思政建设就需要在这样的教学进程中展开，通过各个层面知识的递进式传输来实现价值观教育内容在教学中的有机分解、巧妙聚合。”①

第二，基因说更加符合专业课程和课程思政的建设与发展规律。“课程学习的终极目的不是只学习课程知识，即停留于把握学科的概念与原理，提升认知水平，而是要使学生在知识学习的过程中，通过思维的训练运演，形成自己的独立判断，练就较强的思维能力，在反思的基础上形成内心的信念，明确生活目标和人生方向。”②从课程角度而言，知识性内容完成价值性建构需要三重路径：课程中的科学知识建构是起点；在科学性基础上完成的话语建构是真正掌握知识并灵活运用、成为科学共同体的关键；而要想使刻板的知识具有活力和价值，就必须完成意义建构。意义建构又包含两个层面，一是精神建构，即精神性认同，二是价值建构，即发挥实际影响力并在实践中产生价值效用。这就要求课程思

① 徐蓉．深刻认识全面推进高校课程思政建设的价值目标[J]．马克思主义与现实，2020（5）：176-182.

② 高国希．构建课程思政体系的教育哲学审视[J]．思想理论教育，2020（10）：4-9.

政由内而外，关注课程本身具备的育人元素、功能和效果。

二、课程思政本质内涵的澄明

针对课程思政的一些认识误区，要在“特质化”“同质化”偏见中去伪存真，在“大思政”视野下理解思政课程与课程思政的辩证统一关系，由专业学术逻辑上升到价值育人逻辑，厘清课程思政的本质边界，从对现实问题的回应中复原课程思政的真实图景和本质状态。

（一）专业育人是课程思政的本质边界

2020 年《高等学校课程思政建设指导纲要》针对思想政治理论课、专业课、通识课等作出了全面推进课程思政的建设要求，要全面、深刻领会课程思政的内涵，就需要从对三种错误认识的批判中重新辨识出课程思政的本质边界。

第一，避免陷入课程思政“特质化”和“同质化”误区。陷入“特质化”误区指的是人们认为课程思政是一门特殊课程，为此需要增设区别于思想政治理论课、专业课的新课程，或者增设类似的教育活动。持此种观点的人看到了上海市在早期推行课程思政工作中的成功经验，即以“大国方略”等为主题新开设的品牌课程大获师生喜爱，但他们并没有领悟到这只是一种初期探索的特殊方法，而不是课程思政的最终目的，更不是课程思政的全部内涵。陷入“同质化”误区指的是人们会认为，负载了思政育人任务的课程教学从一种学科专业教育领域转向了思想政治教育领域或者交叉领域。实际上，强调思想政治理论课的引领作用并不是将所有课程都“思政化”，课程思政仍要建立在原本学科专业教育的基础之上，一旦人们忽视了课程本身具有的教学特点和教学规律，就会使课程思政成为与思政课程同质化的“类思政课程”。要避免最终陷入“同质化”误区，至少需要解决两个关键问题。一是如何做到育人与育德、思想政治教育与专业课程的有机衔接，“通过挖掘、提炼课程内蕴的家国情怀、社会责任、伦理规范、科学和人文精神等思想政治教育资源，实现知识传授与价值引领的有机统一”①，这是内在的过程，是对固有课程的激发与挖掘，而非外在输入。二是不能将课程思政仅仅理解为一种教育理念创新，而是要在这种理念指引下进行教育教学的综合性改革实践。

第二，避免片面性、机械性理解课程思政与思政课程的关系。课程思政所展现的“大思政”视野并不是要消解专业课程的边界，而是在育人效果的层面上追求专业课程与专业课程、专业课程与思政课程之间的“合力”。从课程论角度出发讨论课程思政，必然会考虑到课程的相对独立性，从而有意无意地将两者关系代入“包含”“主次”“补充”等俗套解释的窠臼。人们必须清晰认识到，这里的关系是基于育人效果而言，而非课程设置，例如，互补性在于育人效果互补而非课程开设互补，更不是增设新课程或者替换原有课程。人们既要看到课程的相对独立性，也要看到思政课程和专业课程之间、各门专业课程之间的交叉或相通之处，以及它们在育人方向上的统一性。从育人角度看，思政课程发挥着引领作用，课程思政发挥着重要的支撑作用；而从专业内容上看，课程思政又在学科知识上有引领作用，思政课程则提供世界观和方法论的支撑。

第三，避免割裂课程思政的专业学术逻辑和价值育人逻辑。课程思政追求的是在科学性基础上的价值张力，为此需要将严谨的学术逻辑与动人的育人逻辑融为一体。思想道德与科学知识在认知结构方面是有先天差异的。道德教育不能被“道德知识的教育”所替代，它的许多内容、思想、精神等无法编码化或符号化，无法单纯依赖言语方式传授，无法离开实践体悟传递。课程思政中的育人逻辑不能完全仿照传统意义上知识、技能的构建模式，而应在程序化、模块化教育途径的基础上，更加

① 张正光，张晓花，王淑梅．“课程思政”的理念辨误、原则要求与实践探究[J].大学教育科学，2020（6）：52-57.

追求“言外之意”的表达，如讲求师生之间与价值有关的感受语境的再现、感受通道的建立、感受内容的共鸣。

（二）价值回归是课程思政的本质特征

没有学术支撑的价值教育是空洞的说教，而没有价值导向的课程教育是盲目的。人类早期的教育传统是综合性、统一性的，特别注重以育人为目标、以掌握技艺为手段，然而随着近代社会分工的需要，传统教育理念逐渐蜕变为现今的专业化人才培养模式。马克思和恩格斯在《共产党宣言》中强调：“资产者唯恐失去的那种教育，对绝大多数人来说是把人训练成机器”[①]。这种适应资本主义生产和分工的教育模式有着深厚的理论基础。西方社会在泰勒理论之后，逐渐淡化了课程教育性分歧，热衷从程序上改进课程编制方法、技术，以量化、标准、系统的方式强调课程“科学化”和“价值无涉”，但这种风气“造成了课程只停留在‘知识与技能’‘过程与方法’上，遮蔽了知识所蕴含的文化价值和精神意义，对于发挥课程育人的职责使命产生了消极作用”[②]。

学术探索无禁区，但是其价值生成要有既定方向指引。如今，虽然教育学、课程论等的学理性探讨持续深化，但是高等教育在培育“完整和大写的人”这一问题上反而愈发力不从心。追求科学的客观性、理性无可厚非，但所谓价值中立性和无涉性却是一厢情愿。20 世纪兴起的科学哲学和科学修辞学研究表明，科学并不是完全客观的，它在一定程度上是一种修辞表达的结果，包括目的、观念、权威、信仰等，这不仅是由于科学家的主观性，更是由科学理论的传播需要所决定的。所以科学性的知识必然蕴含和体现着精神价值，如果强行割裂了“追求真理”和“立德树人”之间的内在联系，必然会造成科学发现、知识生产与信息传

① 中共中央马克思恩格斯列宁斯大林著作编译局．马克思恩格斯文集：第二卷[M]. 北京：人民出版社，2009：48.

② 伍醒，顾建民．“课程思政”理念的历史逻辑、制度诉求与行动路向[J]. 大学教育科学，2019（3）：54-60.

播、价值引导之间的裂隙。实际上，任何教育都必然包含政治教育和社会教化两个目的，习近平总书记指出："古今中外，关于教育和办学，思想流派繁多，理论观点各异，但在教育必须培养社会发展所需要的人这一点上是有共识的。培养社会发展所需要的人，说具体了，就是培养社会发展、知识积累、文化传承、国家存续、制度运行所要求的人。"①

为了应对高等教育的价值缺场，课程思政应运而生。长期以西方高等教育经验为标杆，我国一些专业"唯洋是举"，沉浸在西方学术话语体系中无法自拔，课程教育过度关注专业知识、技能、信息、体系等方面，一定程度上忽略了其本身具有的价值观教育和思想政治教育功能。"课程思政是在遵循课程自身逻辑体系的前提下对其固有德育资源进行的内涵式开发，是课程育人价值回归的过程。"②所以说，课程思政是在课程原有结构基础上的功能性提升、价值性升华，并不是一种新的教育模式或形态，完成智力提升和知识传授只是教育的过程和手段，而价值回归才是课程思政的育人本质。高等教育的培养过程既不能生产"不学无术"的废品，也不能制造"有学无术"的机器，而是要铸魂育人，真正塑造"有学有术"的新时代人才。

（三）同向同行是课程思政的本质状态

同向同行不仅是意义角度的需要，也是对现实问题的积极回应。当前，对于思政课程与课程思政为什么要同向同行、怎样同向同行、达到什么程度的同向同行等问题，学界已经有了较多研究成果。但要注意到，"同向同行"不是无中生有，当下对于"从什么层面讲同向同行"这一显而易见的问题的复杂化、混淆化倾向实属不该。

同向同行是解决问题的现实逻辑。资本主义教育的根本目的是为资本增殖创造"会说话的工具"，使掌握专业技能的人成为社会生产大机

① 习近平．在北京大学师生座谈会上的讲话[N]．人民日报，2018-05-03（2）．

② 卢黎歌，吴凯丽．课程思政中思想政治教育资源挖掘的三重逻辑[J]．思想教育研究，2020（5）：74-78.

器中的零件，进一步提高剩余价值的产出。同时他们巧妙地、隐性地将思想教育嵌入专业教育中，通过国民与公民意识、地理文化、社会价值观、宗教等主题导入适合资本主义国家和社会的价值教育。与这种隐性价值教育理念不同，党和国家开展思想政治教育主要依赖显性的思政课程，但是从政治教育扩展到全面的高等教育时，单纯依赖显性思政课程的做法较难在专业教育中体现完整的育人效果。课程思政建设的开展就是对这一现实问题的积极回应，是对“培养什么人、怎样培养人、为谁培养人”的方法论支撑。中国特色的思想政治教育既不能完全照搬西方的隐性价值教育模式，也不能依赖显性的思政课程独自完成政治育人，而应是思政课程和课程思政、显性和隐性有机结合的，多维度、全方位的更加完善和全面的思想政治教育模式。

同向同行是整体上的育人要求。专业知识体系无法完全剥离价值教育，同向同行就是要在整体上形成协同育人效果，唤醒受教育者的政治与价值追求，唤醒其掌握专业技能后融入社会、服务中国特色社会主义建设和中华民族伟大复兴实践的决心，从而构建更加有效、更符合未来人才需求的中国特色育人体系。同向同行是为了形成协同育人效果的同向同行，而不是形式上、课程论上的同向同行。要充分承认课程之间的异质性、相对独立性，立足课程特点，重新激活课程的教化功能，将课程内在的、内生的价值理念外化到教学活动中，使高等教育成为一场育人的大合唱，由思政课程领唱而不是独唱，所有课程发出和音而不是噪声，使课程思政成为匠心独运的“玉露琼浆”而不是明显分层的“鸡尾酒”。

三、重塑课程思政的合力

在廓清上述观念误识后，问题就集中于课程思政实践过程、环节等的离散性上。如何以系统化思维有机统领课程思政实践，重塑课程思政合力，成为理论重塑之后的关键。

（一）形成课程思政的思维合力

第一，在尊重课程规律的基础上唤醒课程的育人功能。不同课程都具备育人的共通性和可行性，但它们能承载、体现和反映的价值大小、感受性强弱等都存在一定差异。加之大数据、人工智能推动的教育技术信息化，课程的育人成效既取决于课程的规律性、时效性，也取决于学生对精神价值、技术手段的满足与接受程度。“要在尊重课程专业性、特殊性前提下，贯彻价值塑造的一般性要求，即培养社会主义建设者和接班人的教育价值取向下对学生世界观、人生观和价值观的塑造，挖掘课程潜在的育人价值。”①对此，每门课程既要做课程思政整体的“最大公约数”，也要做本课程群在育人效果上的“最大公约数”。

第二，提高课程群在课程思政建设中的协同作战能力。在课程思政建设实践中，要始终坚持“大思政”和“大学科”格局，充分认识到任何一门课程都是课程群中不可或缺的一员，都是专业内部的有机构成要素。因此，要讲清讲透课程所处的方位、机理，牵引出课程独特的知识结构与功能定位，进一步将课程置于专业学科和课程群的角度理解，置于国家和社会发展的角度理解，在教学中融入时代精神和现实思考，自然而然地将专业知识与家国情怀、现实问题密切联系起来，从而自觉防范“米中掺沙”，防止学科内部、课程群内部育人过程中出现观点抵牾、效果抵消等不良倾向。不能教条地认识课程，而应当从大局意识出发，允许每门课程贡献“质高但量可不同”的差异化育人效果，将那些充分掌握和应用唯物主义辩证法的课程视作贯彻马克思主义基本原理和方法论的助推力，将那种融汇科学精神与中国智慧的课程视作提高学生综合素养的重要支撑，从协同作战角度将所有课程的价值育人效果汇聚成一股合力，真正发挥出课程思政的育人潜质。

---

① 王振雷．论高校课程思政改革的三维进路[J]．思想理论教育，2019（10）：72-75.

（二）凝聚课程思政的队伍合力

提升课程思政的意识、素养和能力。课程思政推行效果如何，关键在于教师，在于教师在课程思政中表现出的应对力和创造力。一方面，教师要在“授业、解惑”的同时不忘“传道”，“传道”才是教育过程的起点和教育目的的归宿。要站在更高角度审视课程所承担的学术价值、社会价值，从有意识到自觉地成为先进文化的传承人和传播者、社会进步的坚定支持者、党和国家发展战略的贯彻者、学生思想的灯塔和引路人。另一方面，教师要充分认识到职业素养和政治素养的影响力，努力从“经师”晋级为“人师”。中国古代《学记》中有言：“亲其师才能信其道，信其道才愿受其教。”只有具备较高专业素养和政治素养的教师，才会对专业内容理解到位并有真情流露；只有具备高尚道德情操和家国情怀的教师，才会使课程负载着与社会和时代精神一致的正能量，才能在课堂上的沟通交流中建立起师生互信关系，真正打开价值传递的通道。要善于将“教学活动场”转化为“价值体验场”，充分考量不同专业、年龄、年级、性别的学生的思想特点、差异与规律，充分尊重学生的主体性与差异性、调动学生的经验与体验、激发学生的想象力与创造性。[①]

以教师队伍同向同行推动协同育人。教学活动是教师主导的过程，教师队伍的同向同行能够助力推进所有课程的协同育人效果。一方面，专业课教师队伍内部要同向同行。部分教师可能不理解体系化、系统化的专业逻辑何以融洽思政育人逻辑，但他们并不排斥育人的同向性和必要性。这就要由教师中的积极分子带动其他教师，克服惰性思维。另一方面，思政课教师和专业课教师队伍要同向同行。思政课教师与专业课教师同为高等教育的园丁，他们天然地是休戚与共的育人共同体。专业课教师可以邀请思政课教师作为课程顾问，从思政角度论证课程设计、

① 叶方兴.观念·原则·活动：正确理解课程思政的三重维度[J].思想理论教育导刊，2020（10）：138-141.

内容等的合理性，实现思政元素、案例和资源的互通有无。双方一同在学习中培育思想政治素养、在研讨中挖掘课程建设问题、在互动中提高课程育人质量，充分发挥思政课程落实立德树人根本任务的关键作用，发挥哲学社会科学课程的人文情怀与社会关怀，发挥自然科学课程的科学思维与逻辑能力。

（三）统筹课程思政的建设合力

突出特色，释放课程能量。各地在推行课程思政的实践过程中存在一些不容忽视的现实问题，如果对此长期重视，但制度层面的探讨不充分、不深入、不具体，则会形式遮蔽内容、结构大于功能、功利取代严谨、教条多于辩证，导致课程思政推行的实效性难以持久。应当鼓励各地区、各高校适应发展需要进行“课程思政”研究，结合地域差异、学生水平、办学特色、学校定位、学科特色等进行课程思政建设，在最大限度释放课程能量的同时推出有特色和代表性的育人成果；因地制宜、因校制宜、因术制宜、因课制宜，结合各地丰富生动的教育资源案例支撑课程思政论点，促进课程思政与思政课程高效互动。

放眼长远，盘活评价机制。在“破五唯”背景下，注重定性评价而非量化评价的课程思政建设更应该追求灵活多样、长效持久的评价机制。一方面，优化课程思政评价环节。以过程性评价为主，结果性评价为辅，不以拿来主义复刻课程建设成果，使得评价主体多元化、评价内容多样化、评价方法灵活化、评价过程持续化、评价结果动态化、评价绩效可视化。另一方面，完善课程思政的督查、复核环节。课程思政育人效果的展现是一个有差异的、长期的、持续的、显隐结合的过程。要在横向上扩大评价、督查主体，聚合同行、学生、社会、校内相关部门等多方力量；在纵向上持续追踪学科育人、专业育人发挥出的积极作用，突出学生成才过程，构建育人效果的长效机制和追溯机制。

第四节　课程思政的理论基础

根深才能叶茂。任何的思想和理念都不是从天而降，都有自身的理论渊源，在研究“课程思政”的建设时，也需要挖掘其研究的理论渊源。本书认为，课程思政建设需要借鉴马克思主义人的全面发展理论、社会主义核心价值观理论、习近平总书记关于新时代思想政治教育的重要论述和有效教学理论等相关理论。了解课程思政的理论基础，有利于更好地指导课程思政的实践。

一、马克思关于人的全面发展理论

马克思主义在我国意识形态领域处于指导地位，要用马克思主义指导课程思政建设。人的全面发展理论是马克思主义理论中的一个重要组成部分，也是当前高校课程思政建设的理论基石。马克思认为人要获得解放的根本前提是人的全面发展，人的全面发展包括人的身体、精神方面，而教育的根本价值在于满足人的需要，即“原有需要的满足和满足需要的活动又引发新的需要”①。课程思政建设正是在坚持育人性原则的基础上，以立德树人为核心，寓价值观引导于知识传授与能力培养之中的活动。大学生在课程思政中的获得感，简单来说就是学生在课程学习中知识、能力以及情感价值方面的获得，并通过其获得感来满足学生的精

---

① 中共中央马克思恩格斯列宁斯大林著作编译局．马克思恩格斯全集：第一卷[M]．北京：人民出版社，2012：79.

神文化需求，从而促进学生的全面发展。具体来看，一方面，马克思关于人的全面发展的理论为课程思政建设提供了目标。马克思所指的人的全面发展是指人的身体、精神、个性和社会性以及人类整体的充分发展，而课程思政就是通过各种教育活动来促进学生的品德、智力等方面的发展，进而达到人的全面发展。另一方面，劳动与教育的结合是人类社会进入高级阶段的发展要求，“生产劳动和教育的早期结合是改造现代社会的最强有力的手段之一”。[①] 课程思政为马克思关于人的全面发展理论提供了实践途径。通过课程思政的实施，学生在各门课程中获取知识与各种能力，从而促进人的全面发展。“课程思政”与马克思关于人的全面发展理论在本质上是同向同行的，研究马克思关于人的全面发展理论对高校课程思政建设工作也具有十分重要的指导意义。

二、社会主义核心价值观理论

“人类社会发展的历史表明，对一个民族、一个国家来说，最持久、最深层的力量是全社会共同认可的核心价值观。核心价值观，承载着一个民族、一个国家的精神追求，体现着一个社会评判是非曲直的价值标准。”[②] 党的十八大以来，以习近平同志为核心的党中央高度重视社会主义核心价值观建设，多次在重要场合阐述社会主义核心价值观培育和践行等系列问题，为国家与社会的发展提供了思想基础，为人民群众提供了价值导向。2013 年 12 月，中共中央办公厅印发《关于培育和践行社会主义核心价值观的意见》(以下简称《意见》)，进一步明确了 24 字社会主义核心价值观的基本内容。《意见》中提出：“把社会主义核心价值观纳入国民教育总体规划，贯穿于基础教育、高等教育、职业技术教育、成人教育各领域，落实到教育教学和管理服务各环节，覆盖到所有

① 中共中央马克思恩格斯列宁斯大林著作编译局．马克思恩格斯文集：第三卷[M]．北京：人民出版社，2009：449.

② 习近平．习近平谈治国理政[M]．北京：外文出版社，2014：168.

学校和受教育者，形成课堂教学、社会实践、校园文化多位一体的育人平台。”社会主义核心价值观作为课程思政的理论基础之一，符合推进课程思政与思政课程同向同行的需要，符合全面提高人才培养质量的需要。

近些年，我国在经济领域取得了巨大进步，同时文化领域出现了价值观多元化趋势，青年又处在价值观形成和确立的时期，抓好这一时期的价值观养成十分重要。因此，把社会主义核心价值观渗透高校各类课程，全员、全方位、全过程地对大学生进行正确价值观教育，引导他们进行科学的价值选择，帮助他们解决个人价值与社会价值的冲突，增强他们对社会的认同感势在必行。而将社会主义核心价值观以课程思政的形式融入大学生的学习和生活中，能够解决大学生在价值观形成过程中存在的困惑，帮助其从正确价值观的视角认识多种多样的社会现象，同时对于促进大学生实现社会主义核心价值观的知行转化，真正融入心、践于行，具有十分重要的意义。总之，课程思政是新时代高校践行社会主义核心价值观、落实立德树人根本任务的关键举措，彰显了中国特色社会主义大学的办学特色。探索社会主义核心价值观融入课程思政的理论基础和实践路径，是解决高校思想政治教育与专业课程教育脱节的“钥匙”，也是实现价值观教育最优化的必然选择。

三、习近平总书记关于新时代思想政治教育的重要论述

习近平总书记关于思想政治教育的重要论述是习近平新时代中国特色社会主义思想的重要组成部分，是当代中国的马克思主义教育思想，是新时代建设教育强国的根本指针。党的十八大以来，习近平总书记围绕思想政治教育工作，在不同场合作出一系列重大部署，提出了一系列关于思想政治教育发展的新理念、新思想、新观点，系统回答了教育工作的方向性、全局性、战略性的问题。2016 年 12 月，习近平总书记在全国思政工作会议上明确指出：“思想政治理论课要坚持在改进中加强，提升思想政治教育亲和力和针对性，满足学生成长发展需求和期待，其

他各门课都要守好一段渠、种好责任田，使各类课程与思想政治理论课同向而行，形成协同效应。”2019 年 3 月，习近平总书记在学校思想政治理论课教师座谈会上强调：“办好思想政治理论课，最根本的是要全面贯彻党的教育方针，解决好培养什么人、怎样培养人、为谁培养人这个根本问题。”在此次座谈会上，习近平总书记还作出了“八个统一”的重要指示，对讲好新时代思政课，推进高校“课程思政”建设具有重要意义。2020 年 9 月，习近平总书记在教育文化卫生体育领域专家代表座谈会上再次强调了深化学校思想政治理论课改革创新的重要意义。2021 年 3 月，习近平总书记在看望参加全国政协会议的委员时强调：“‘大思政课’我们要善用之，一定要跟现实结合起来，上思政课不能拿着文件宣读，没有生命、干巴巴的。”①习近平总书记对教育问题的理性思考立意深远，发展了马克思主义思想政治教育理论，全面系统地阐明了课程思政建设对于高校落实立德树人根本任务的重要性，也成为新时代中国思想政治教育发展所遵循的行动指南。高校要坚持正确的办学方向，用习近平关于新时代思想政治教育的重要论述来指导课程思政实践，发挥新时代思想价值引领作用，结合学科、专业和课程的特色，充分挖掘每门课程所蕴含的思想政治教育元素，引导学生坚定理想信念，增强对党的理论的高度认同感，认识到社会主义制度和共产主义理想的优越性和先进性，进一步激发学生责任感、使命感和荣誉感。从而为中国特色社会主义教育事业的良好发展培养新时代、新征程需要的优秀青年人才。

四、有效教学理论

有效教学研究缘起于国外，大致包括对有效教师的品质研究、对有效教学行为的研究以及综合性的有效教学研究。②通过研究教师的身心特

① 习近平．“大思政课”我们要善用之[N]. 人民日报，2021-03-07（1）.

② 张亚星，胡咏梅．国外有效教学研究回顾及启示[J]. 课程．教材．教法，2014，34（12）：109-114.

征与品质、教学工作相关的特征与品质[①]，确定什么是有效的。有效教学以高效率、高效果、高效益为特点，主张教学的有效性，以学生的成长与发展、预期的教学任务的达成为目标。教学策略的适宜程度是有效教学实施过程中的重中之重，也是其区别于传统教学的重要优势。课程思政是在加强高校学生思想政治意识培育需要的基础上，不断反思总结形成的思想政治育人方式的统称。根据课程实施的过程来看，目前课程思政的实施收获了可喜成果，但由于仍处于实践探索阶段，不可避免地存在标签化、碎片化、机械化与形式化等问题，故在各学科专业教学过程中，专业知识与思政育人之间仍然存在鸿沟，课程思政已成为生硬的说教而非“如盐在水”[②]般的融入。而有效教学恰恰是指教师采取恰当合理的教学方式，高效率地达成对学生的培育目标的教学理念。课程思政的建设可以基于有效教学理论，对课程思政的教学过程进行合理、有效的设计与改进，有利于解决课程思政领域存在的问题，从而保障课程思政的实施。

综上所述，课程思政教学应以学生的价值观养成的效果与效率作为教学设计与教学成果评判的主要依据。可以说，探索课程思政的有效教学策略成为实现其育人价值的重要路径，即在教学准备阶段、实施阶段、管理阶段与评价阶段采取合适的策略与方式，逐渐提高课程思政的实施效果。同时要探究课程思政教学问题的成因，进而给予针对性、有效性地纠正，只有消解育人过程“低效化”甚至“无效化”现状，才能切实落实思想政治的育人价值。相较于外部强制性、灌输式的发展方式，立足专业课程自身的视角，探索切实有效的教学策略，才是促进课程思政发展的正确之路。

---

① 姚利民．国外有效教学研究述评[J]．外国中小学教育，2005（8）：23-27.

② 刘增辉．清华大学：“如盐在水”开展课程思政[J]．在线学习，2022（4）：30-31.

第五节　课程思政的基本原则

教学有法，而无定法。这里前一个法就是指教育中的规律和原则，教育教学活动必须遵循教育的规律和原则。课程思政的开展需要遵循一定的教育原则，它贯穿课程思政实施过程的各个方面。

一、系统整体与关键环节相联动

马克思主义是一个整体的世界观和方法论。列宁提出“必须整体性把握和运用马克思主义，通过历史地、联系地考察每一个原理，整体性把握马克思主义的精神要旨和理论体系，如果去掉马克思主义的任何一个‘基本前提’‘重要部分’，就会‘离开客观真理’，就会背离马克思主义。”[①]这同样是课程思政理论体系内重要且基础的原则。从育人角度来看，课程思政是育人生态中最稳定、最基础的要素。从课程思政本身来看，课程思政是一个有机系统，系统与内部诸要素之间的关系是整体与部分的关系。高校“课程思政”要抓住关键环节，包括提高教师自身思想政治素养、找准课程思政契合点、注重课程思政的经验交流和示范效应、建立课程思政的激励机制和保障体系等四个方面。[②]从整体来看，课程思政是实现全过程、全方位育人的系统途径。从环节来看，课程思政

① 中共中央马克思恩格斯列宁斯大林著作编译局．列宁专题文集：论辩证唯物主义和历史唯物主义 [M]. 北京：人民出版社，2009：139.

② 荣司平．论高校“课程思政”的关键环节 [J]. 现代职业教育，2019（31）：94-95.

要构建由思政理论课、专业课等多门类关键课程构成的思政教育体系。所以，在课程思政实施过程中既要深刻领悟其核心思想，又要注重课程内部各要素之间的关系，只有整体与部分协同发力，课程思政才可获得实效。

二、知识传授与价值引领相融合

知识传授和价值引领是思想政治教育的两个基本维度，也是课程思政的重要原则。当前思政课程面临重视思政知识和理论教学，忽视价值渗透、习惯养成等问题，应树立知识传授和价值引领并重的大思政理念，建构两者相融合的大思政格局，促进知识传授和价值引领同频共振、协同发展。[①]在知识与价值的彼此融合中实现个人的全面发展和社会的持续进步，这与课程思政的内涵也具有本质上的一致性。在教学过程中，既要注重在学术传播中凝聚知识底蕴，又要注重社会主义核心价值观引领，只有这样，才能真正实现从思政课程向课程思政的创造性转化。要将思想政治教育蕴含于专业课程的知识传授中，把价值观的引领和塑造通过知识传授融入每一门课程。所以，高校课程的设置和教学过程不仅要以传授知识为目标，更要通过各种方式引向思维和能力培养的深处，使学生深刻感知到知识和规律发现背后的理性逻辑、艰辛过程和感人故事，真切感受到知识发现者身上的理念情怀、人格操守、德性风骨、价值追求，从而使刻板的专业教育升华为深厚情感和道德育人，使知识在课堂传递中跃动人文旋律、在理性推演中注入精神活力、在思维碰撞中构建价值取向，将这种奋发有为的求知态度内化为服务学科专业发展、服务国家和社会进步的不竭动力。[②]

---

① 杨莉，王丽．大思政视域下知识传授与价值引领同频共振的新格局建构［J］．吉林化工学院学报，2021，38（6）：48-52.

② 张旭，李合亮．廓清与重塑：回归课程思政的本质意蕴［J］．思想教育研究，2021（5）：116-121.

三、隐性思想政治与显性思想政治教育相协同

显性思想政治教育是指高校在开展思想政治教育的过程中，依照既定的教学目标和培养计划，从而达到思想政治教育目的的思想政治教育类型。隐性思想政治教育是指在专门的思想政治教育之外的社会实践活动中开展的、不为受教育者关注的一种思想政治教育类型①。高校课程思政不仅要强化显性思想政治教育，从马克思主义思想理论课程中获取理论滋养和价值引领，还应细化隐性思想政治教育，广泛吸取专业课程中的思政元素，以专业课程的知识与技能为载体，提升思想政治理论教育的科学性与有效性，突破高校思想政治教育集中于显性思政课程的局面，使各类专业课程与思想政治课程同向同行，把思想政治教育与专业教育融合为一个协调同步、相得益彰的过程。所以，在课程思政开展过程中，既要看教师是否充分利用了教学内容中的显性思政资源，又要看教师是否挖掘、提炼、归纳了隐性的思政元素。其实，教师的一言一行、一举一动都可以作为隐性的思政元素。所以，对“课程”与“思政”实现有机融合的有效探索，其实施的关键就是要发挥思想政治理论课教师与其他各类教师的育人合力，充分挖掘综合素养课、专业课等各类课程中的思想政治教育资源，实现隐性思想政治教育与显性思想政治教育的有机融合，从而扩展思想政治教育的内涵与外延，实现育人效果最大化。

四、遵循规律与主体能动相统一

2016 年 12 月，习近平总书记在全国高校思想政治工作会议上明确指出“要遵循思想政治工作规律，遵循教书育人规律，遵循学生成长规律”。课程思政要遵循规律，即要做到因事而化、因时而进、因势而新，能够使课程思政教学更加具有针对性和亲和力，使学生的成长发展需求和期待得到充分满足。同时，课程思政要遵循规律，要以尊重学生主体

① 白显良．隐性思想政治教育基本理论研究［M］．北京：人民出版社，2013：55.

性为前提。主体性满足包括摄取性满足和被动性满足，主体性残缺会导致人格残缺。思想政治教育实施的过程中要以学生为中心、关照学生和服务学生必须以尊重学生主体性为前提，尊重学生主体人格和主体价值，了解和满足被教育者的合理需求。遵循规律与主体能动相统一的原则就要求充分运用马克思主义的世界观和方法论，揭示课程思政运行中的客观规律，并根据这种规律指导课程思政的组织与实施，使主观与客观合拍、动机与效果统一。

五、坚守方向与务求实效相结合

坚守正确政治方向是马克思主义政党的鲜明特征。新时代的政治方向，就是共产主义远大理想和中国特色社会主义共同理想、“两个一百年”奋斗目标，就是党的基本理论、基本路线和基本方略。高校课程思政也要坚守社会主义核心价值观和立德树人的宗旨，将课程思政置于高校思想政治教育工作的核心地位，通过课程思政，潜移默化地传递价值理念，让学生真正领悟到，三百六十行，每一行的人都有必须具备的素养，每个岗位上的人都有需要坚守的方向。在课程思政实施的过程中，“坚守方向”是出发点，“创新思维和突出重点”是方法论，“务求实效”则既是落脚点，也是进行课程思政评价的重点。要深入挖掘通识课程、专业课程及各教学环节的育人功能，从顶层设计、体系构建、队伍建设、制度保障着手，真正发挥课堂教学主渠道作用，增强特色课程思政的教学实效性。

第六节　课程思政的价值目标

价值目标作为一个人的总的意向或最高目的，联系着主体的一切行为活动，体现着主体的理想追求。课程思政理论蕴含丰富的价值目标，在学校教育的实施过程中，要将国家要求的德育目标结合个人要求变为具体可行、重要可信的思政价值目标。本部分围绕政治认同、家国情怀、文化素养、宪法法治意识、道德修养等重点明确课程思政价值目标，将课程的专业人才培养目标与党和课程思政价值目标结合起来，寻找两者的最佳结合点。

一、政治认同

政治认同在课程思政价值目标体系中居于首要位置。政治认同是人们在社会政治生活中产生的一种感情和意识上的归属感，与人们的心理活动有密切的关系。人们在一定的社会中生活，总要在一定的社会联系中确定自己的身份，如把自己看作某一政党的党员、某一阶级的成员、某一政治过程的参与者或某一政治信念的追求者等，同时自觉地以组织的要求来规范自己的政治行为。[①] 习近平总书记指出："意识形态工作是党的一项极端重要的工作。"[②] 党的十九大报告中强调"要不断增强意识形态领域主导权和话语权，建设具有强大凝聚力和引领力的社会主义意识

① 中国大百科全书出版社编辑部．中国大百科全书·政治学[M]. 北京：中国大百科全书出版社，1992：501.

② 习近平．习近平谈治国理政：第一卷[M]. 北京：外文出版社，2018：153.

形态”。[①]而要掌握意识形态工作的领导权和主导权，必须强化政治认同。政治认同既是公民国家认同、政党认同的心理基础，也是公民政治参与的重要影响因素。青年强则国家强，对于已经步入新时代的中国而言，青年一代的政治认同不但关乎中国的政治发展，也在一定程度上决定着中国特色社会主义事业的兴衰成败。

政治认同作为一种心理活动，其产生和发展基于政治认知、情感信仰和政治实践。刘春泽提出，高校思政课中的大学生政治认同包含了情感认同、制度认同、价值认同三个主要维度。[②]陈式华认为，政治认同教育也包括政治认知、政治认同、政治践行三个层次。[③]在课程思政的目标构建中，要深化理论认知，培育学生政治情怀；砥砺意志品质，坚定学生政治信仰；丰富实践体验，规范学生政治行为。培育大学生的政治认同是课程思政的首要目标，只有在政治认同的基础上才能增强学生对中国特色社会主义的道路认同、理论认同、制度认同、文化认同。通过政治认同这一价值目标的实现，在大学生中传播主流政治思想，培养大学生的政治价值观念，帮助大学生形成对政府的认同感，这对于维护社会的长治久安起着重要的作用。

二、家国情怀

家国情怀是课程思政价值目标体系的重要组成部分。马克思主义家庭观是红色家风涵养家国情怀的理论渊源。家国情怀作为中华优秀传统文化的浓缩精华，是人们对自己国家的高度认同感、归属感、责任感和使命感

---

① 刘建军，陈周旺，汪仕凯．政治逻辑：当代中国社会主义政治学[M].上海：上海人民出版社，2022：380.

② 刘春泽．高校思想政治理论课中政治认同目标的三重维度及其实现路径[J].国家教育行政学院学报，2020（8）：51-59.

③ 陈式华．论思想政治学科“政治认同”核心素养的培育[J].中国德育，2017（7）：67-70.

的体现。受各种因素影响，新时代大学生的家国情怀较为缺乏，他们是亟须厚植家国情怀的青年主体，故而在课程思政实施中融入家国情怀教育目标尤为重要和迫切。就目标内在组成而言，林德田认为“家国情怀”培育包括树立“家国同构”意识、增强民族精神、培养学生的“天下情怀”三个方面。[①]张茂芹、周刘波将“家国情怀”的核心要义概括为文化传承、国家认同、责任意识和国际视野四个方面。[②]总之，家国情怀具有政治属性和精神属性，体现着个体心理层面及社会结构层面的经纬交织。

课程思政要求把家国情怀培养教育作为高校教育教学工作的重中之重，以家国情怀培养为核心，对人才培养目标、课程功能定位、教材体系、教学内容、教学方法等进行新的思考。新时代家国情怀教育必须紧扣社会主义核心价值观、法治、党建、人类命运共同体等时代主题；挖掘课程元素，发挥课堂主渠道作用；注重家庭教育，传承好家风，弘扬好家教；通过传统文化、民族节日等增强大学生民族文化认同感。[③]

三、文化素养

文化素养在课程思政价值目标体系中更偏重于知识基础价值。学校教育的终极目标是提升大学生的文化素养，进而促进大学生的自由全面发展。文化素养是根植于内心的修养，是一个人气质、道德水平的体现。大学时期是融会贯通多元文化，拓展知识边界的黄金时期。余英时认为，今天中国的危机主要是文化的危机。[④]建立文化自信、弘扬本民族文化刻不容缓。

课程思政与文化密不可分，相互融合，对文化素养培育起推动作用。

---

① 林德田.家国情怀教育的本质是培养天下情怀[J].历史教学(上半月刊),2017(9):44-47.

② 张茂芹，周刘波.家国情怀的教育逻辑与实践进路[J].历史教学问题，2020(4)：145-150.

③ 蔡扬波，徐承英.新时代大学生家国情怀教育探析[J].思想教育研究，2020(1)：125-129.

④ 余英时.中国文化的重建[M].北京：中信出版社，2011：1.

自觉的十八大以来，习近平总书记在各场合发表重要谈话时多次提到“文化自信”，并将其列为继道路自信、理论自信、制度自信后的第四个自信。高校是大学生树立文化自信的重要基地，教师要在各科课堂中有机融入中华优秀传统文化、革命文化、社会主义先进文化，给予大学生正确的价值观引导，提高文化内涵，增进家国情怀，以此培养大学生的综合文化素养。

四、法治意识

大力宣传法治意识，积极培育法治精神是课程思政价值目标体系的重要一环。党的十九届六中全会对习近平新时代中国特色社会主义思想的核心内容进一步作出系统概括，即“明确全面推进依法治国总目标是建设中国特色社会主义法治体系、建设社会主义法治国家”。[①]其中，建立健全的法治体系、保障人民权益、加强法治宣传教育、加强法治执法等目标的实现对于维护社会稳定、保障公平正义、增强国家治理能力和提升国际竞争力具有重要意义。[②]法治意识是法律运行的思想基础，是法治实践的思想指南，只有不断强化法治意识，才能把对法治的尊崇、对法律的敬畏转化成思维方式和行为方式。[③]法治教育是新时期思想政治教育的一项重要、艰巨的任务。高校法治文化从属于中国特色社会主义文化，其建设重点在于增强高校师生的法律意识，形成法律思维，促进学校物质文明和精神文明的共同发展与进步，最终实现人的全面发展。

大学生法治意识的提升是高校课程思政建设的重要工作目标，大学生法治意识的高低是衡量高校课程思政建设水平的依据之一。在教育教

① 何虎生．主心骨：历史选择了中国共产党[M]．合肥：安徽人民出版社，2021：210.

② 王红向．从“法治观念”到“法治意识”[J]．思想政治课教学，2023（5）：61-62.

③ 王英梅．立足百年新起点：建设世界上最强大政党[M]．北京：民主与建设出版社，2022：241.

学的开展过程中，教师要注重树立大学生的法治观念，提升大学生对中国特色社会主义法治道路的认同感，提高大学生的法治意识和能力，使其懂得行使社会主义公民的权利和履行义务，帮助其养成自觉遵守法律的行为习惯。法治意识价值目标蕴含丰富的内容，包括使大学生理解法治的道德底蕴，牢固树立规则意识、诚信观念、契约精神，尊崇公序良俗，做到遵法、学法、守法、用法等。

五、道德修养

道德修养是课程思政价值目标体系的精神内核。习近平总书记在《之江新语》中曾提出：“人而无德，行之不远。”也就是说，没有良好的道德品质和思想修养，即使有丰富的知识、高深的学问，也难成大器。建设社会主义现代化的宏伟事业，要求青年一代不但要有建设社会主义的本领，而且要有高尚的道德情操，二者缺一不可。道德修养建设任务既是一个长期的、又是时时处处必须做的任务，不但要从理论上掌握共产主义道德的原则和规范，而且要变成一种坚定的信念，从一点一滴做起，逐渐养成共产主义的道德习惯。[①]这里提到的道德修养是共产主义道德修养，它指的是人们依照共产主义道德要求，在道德意识、道德感情和道德行为等方面进行的“自我教育”“自我锻炼”和“自我改造”，以及由此而形成的道德情操和道德境界。[②]

道德修养的目标是指通过道德修养要达到的境界或标准。新时代青年理想信念的锤炼离不开道德修养和道德实践，课程思政的本质就是结合各类课程教学，对学生进行思想道德教育，促进学生身心健康发展，要从不同角度促进大学生爱国奉献、明礼守法、律己宽人、诚实守信、尊亲敬师、拼搏进取、勤劳勇敢等优良德行的形成和深化。

---

① 郑福林．共产主义道德修养[M]．南宁：广西人民出版社，1983：299.

② 唐凯麟．从旧道德到新道德[M]．武汉：湖北人民出版社，1987：371.

第二章　课程思政的要素

当前，我国开启了全面建设社会主义现代化国家的新征程。站在中华民族伟大复兴战略全局和世界百年未有之大变局的历史交汇点，中国特色社会主义建设面临着机遇与挑战并存的复杂形势。在这一形势下，党和国家事业发展对全面发展的优秀人才的需要比以往任何时候都更为迫切。广大青年肩负着民族复兴的重大历史使命，因而，做好广大青年的思想政治教育工作，落实立德树人的根本任务，是社会主义教育事业的重心所在。全面推进课程思政建设正是落实立德树人根本任务的战略举措。这一战略举措，影响甚至决定着接班人问题，影响甚至决定着国家长治久安，影响甚至决定着民族复兴和国家崛起。

《高等学校课程思政建设指导纲要》指出，全面推进课程思政建设，就是要寓价值观引导于知识传授和能力培养之中，帮助学生塑造正确的世界观、人生观、价值观，这是人才培养的应有之义，更是必备内容。课程思政建设工作要围绕全面提高人才培养能力这个核心点，在全国所有高校、所有学科专业全面推进，促使课程思政的理念形成广泛共识，广大教师开展课程思政建设的意识和能力全面提升，协同推进课程思政建设的体制机制基本健全，高校立德树人成效进一步提高。要紧紧抓住教师队伍“主力军”、课程建设“主战场”、课堂教学“主渠道”，让所有高校、所有教师、所有课程都承担好育人责任，守好一段渠、种好责任田，使各类课程与思政课程同向同行，将显性教育和隐性教育相统一，形成协同效应，构建全员全程全方位育人大格局。

第一节　课程思政的主体

当前，我国开启了全面建设社会主义现代化国家、实现中华民族伟大复兴的新征程。党和国家事业的发展对高质量高等教育和优秀人才的需要，比以往任何时候都更为迫切。党的十八大以来，习近平总书记多次围绕教育发展问题进行重要论述，将教育事业的发展提升至中国特色社会主义事业发展的更高战略位置。

青年学生肩负着中华民族伟大复兴的重任。在成长成才的过程中，青年学生的思想观念和行为习惯会不同程度地受到复杂社会环境的影响。引导青年确立正确的思想意识，树立坚定的理想信念，推进思想政治教育稳步发展是应对当前复杂多变的现代社会、落实立德树人根本任务的关键举措。

一、党中央重大战略部署，国家制度设计指导

2004 年，中共中央、国务院发布了《关于进一步加强和改进大学生思想政治教育的意见》（以下简称《意见》），提出要加紧提高大学生思想政治素质，以此来应对国内国际形势的深刻变化以及价值观念的挑战。《意见》明确了高校思想政治教育的指导思想、基本原则和主要任务。《意见》指出，要充分发挥课堂教学的主导作用，高校思想政治理论课是主渠道，要通过形势政策教育、哲学社会科学课程及其他各门课程的课堂教学配合开展育人工作。同时并驾齐驱地开展社会实践、完善校园文

化建设、占领网络教育阵地等工作，拓展多维有效途径，牢牢把握思想政治教育的主动权。2005 年 1 月，全国加强和改进大学生思想政治教育工作会议召开。会议强调，要围绕育人这个中心，突出加强和改进思想政治理论课的教学、用当代马克思主义指导高校哲学社会科学教学、加强师德建设、开展社会实践、加强校园文化建设、发挥高校党团组织和学生组织的重要作用、加强大学生思想政治教育队伍建设七个重点，把工作做深、做细、做实。这充分说明党中央对做好大学生思想政治教育工作的高度重视。2016 年 12 月，习近平总书记在全国高校思想政治工作会议上指出："我国高等教育肩负着培养德智体美全面发展的社会主义事业建设者和接班人的重大任务，必须坚持正确政治方向。高校立身之本在于立德树人。只有培养出一流人才的高校，才能够成为世界一流大学。办好我国高校，办出一流大学，必须牢牢抓住全面提高人才培养能力这个核心点，并以此来带动高校其他工作。""要坚持把立德树人作为中心环节，把思想政治工作贯穿教育教学全过程，实现全程育人、全方位育人，努力开创我国高等教育事业发展新局面。"这是新形势下高校思想政治工作的指导纲领。2017 年 2 月，中共中央、国务院印发的《关于加强和改进新形势下高校思想政治工作的意见》明确提出加强和改进高校思想政治工作的指导思想和基本原则，提出要强化思想理论教育和价值引领、发挥哲学社会科学育人功能、加强对课堂教学和各类思想文化阵地的建设管理、加强教师队伍和专门力量建设，推进高校思想政治工作改革创新、加强和改善党对高校的领导等要求，强调"坚持全员全过程全方位育人，把思想价值引领贯穿教育教学全过程和各环节"。这是高校整体推进思想政治教育工作的重要依据。同年，教育部印发《高校思想政治工作质量提升工程实施纲要》，提出了"课程、科研、实践、文化、网络、心理、管理、服务、资助、组织"等十大育人体系，其中课程育人体系居于首位，这一体系以教育教学质量提升作为其首要任务，要求课堂教学应设立课程思政目标，无论从课程、教材，还是教学设计，都要加强教学管理，把各类专业中蕴含的思想政治教育元素深入挖掘并有机融入教学环节，充分发挥各类学科所承载的思想政治教育功能，实现学科知识与价值引领的有机统一。2018 年 9 月，教育部印发《关于加快建设高水平本科教育全面提高人才培养能力的意见》，指出把思想政治教育贯穿高水平本科教育全过程，要提升思政工作质量，强化课程思政。高校课程思政建设要拓宽视野，努力构建全员、全过程与全方位育人大格局，做好高校课程思政的整体设计，依据不同的专业人才培养特点和专业能力素质要求，设计科学的、差异化的思想政治教育内容。提升每位教师的思想政治素养，实现每门课程的思想政治教育元素在教学过程中的有机融入，使思想政治教育真正贯穿本科教育教学的全过程。2019 年 8 月，中共中央办公厅、国务院办公厅印发《关于深化新时代学校思想政治理论课改革创新的若干意见》，提出要在整体上全面推进高校课程思政建设，深度挖掘高校各学科门类专业课程蕴含的思想政治教育资源，要求各类课程要积极配合，发挥所有课程育人功能。重点建设一批课程思政示范高校，推出一批课程思政示范课程，选树一批课程思政教学名师和团队，建设一批课程思政教学研究示范中心。2020 年 5 月，教育部颁布《高等学校课程思政建设指导纲要》，要求把思想政治教育贯穿人才培养体系，发挥好每门课程的育人作用，提高高校人才培养质量。《高等学校课程思政建设指导纲要》指出，全面推进课程思政建设是落实立德树人根本任务的战略举措，课程思政建设是全面提高人才培养质量的重要任务，《高等学校课程思政建设指导纲要》从课程思政建设目标要求和内容重点，课程思政教学体系设计，结合专业特点分类推进课程思政建设，把课程思政融入课堂教学建设全过程，教师课程思政建设意识和能力提升，课程思政建设质量评价体系和激励机制的建立健全等几个方面阐述了高校课程思政建设实施的要求。这是全面推进高校课程思政建设的行动指南。2020 年 12 月，教育部、财政部、国家发展改革委联合印发《"双一流"建设成效评价办法（试行）》，提出加快"双一流”建设，促进高校内涵式、高质量发展，要求高校在人才培养评价方面，坚持以立德树人成效为根本标准培养一流人才，综合考察高校的思政课程、课程思政、教学投入与改革、创新创业教育、毕业生就业质量以及德智体美劳全面发展等方面的建设举措与成效。2022年1月，教育部、财政部、国家发展改革委联合印发《关于深入推进世界一流大学和一流学科建设的若干意见》，提出强化立德树人，造就一流的自立自强人才方阵，要求完善全员全过程全方位的育人体制机制，不断加强思政课程与课程思政的协同育人机制建设，着力培育具有时代精神的中国特色大学文化，引导广大青年学生爱国爱民、锤炼品德、勇于创新、实学实干，努力培养堪当民族复兴大任的时代新人。

可见，在高校思想政治教育工作推进过程中，从“思政课程”向“课程思政”转化，全面推进课程思政建设是党中央推动新时代教育事业深化发展的一项重大战略部署，是国家制度设计指导下的系统性工程，也是高校推进“三全育人”，落实“立德树人”，提高人才培养质量，推进高质量建设的有效途径。

二、高校党委统一领导，把握方向、统筹组织

2020年教育部印发的《高等学校课程思政建设指导纲要》提出要牢固确立人才培养的中心地位，围绕构建高水平人才培养体系，不断完善课程思政工作体系、教学体系和内容体系。高校主要负责同志要主抓人才培养工作，统筹好各学科专业、各类课程的课程思政建设。要紧紧围绕国家和区域发展需求，结合学校发展定位和人才培养目标，构建全面覆盖、类型丰富、层次递进、相互支撑的课程思政体系。课程思政建设是一项系统工程，各地各校要高度重视，加强顶层设计，全面规划，循序渐进，以点带面，不断提高教学效果。要尊重教育教学规律和人才培养规律，适应不同高校、不同专业、不同课程的特点，强化分类指导，确定统一性和差异性要求。要充分发挥教师的主体作用，切实提高每一

位教师参与课程思政建设的积极性和主动性。因此，课程思政的推进和实施需要高校相关主体协作同行。

2016 年 12 月，习近平总书记在全国高校思想政治工作会议上指出："要掌握高校思想政治工作的主导权，巩固马克思主义在高校意识形态的主导地位，用科学理论培养人，用正确思想引导人，保证高校始终成为培育社会主义事业建设者和接班人的坚强阵地。"深入推进课程思政工作，要坚持党的主导权丝毫不动摇，主导权体现在领导权上。要加强高校党委统一领导，抓好统筹规划。课程思政是一项需要学校顶层设计、前瞻布局和组织协调的整体性工作，党委承担抓课程思政工作的主体责任，通过统一规划、宏观指导、组织协调、督促检查等举措，把握方向、统管大局、作出决策、确保落实，创新体制机制，与其他各项育人工作互动相融，形成各部门齐抓共管的局面，最终实现全员、全过程、全方位育人的目标，从而真正回答好"为谁培养人""培养什么样的人""如何培养人"这三大重要而紧迫的问题。换言之，党对高校课程思政的领导责任主要体现在把握方向的政治责任、领导统筹的组织责任和调动落实的推行责任等方面。

三、相关部门协同配合，相关人员联合行动

学校教学主管部门应结合本校实际情况和学校办学特色，积极构建课程思政体系，推行教学改革；确立科学的实施方案，健全制度保障和评价体系，设计课程思政教学规范和质量评估指标，推进课程思政建设；通过完善激励机制，不断吸纳优秀教师投入课程思政教学设计、资源开发等工作中来。各学院（系）是课程思政的直接落实单位，肩负着谋划和推进本学科课程思政建设工作的具体职责。

教师在课程思政实施过程中发挥关键作用，其主体地位体现在教师参与课程的编制与开发，课程内容的设计以及教学过程的实施等诸多方面。教师在"授业""解惑"的同时要"传道"。教师需要加强自身对社

会主义核心价值观的系统化学习，深入理解其精髓，找到学科领域与思想政治教育的最佳结合点，以达成优化的课程思政教学效果。教师要站在更高角度审视课程所承担的学术价值和社会价值，从有意识到自觉地成为先进文化的传承人和传播者、社会进步的坚定支持者、党和国家发展战略的贯彻者、学生思想的引路人。① 教师要保持一种教育情怀，做到用心、用情，通过温暖的课堂引领学生。教师要把课程思政当成一门学问、一门专业，加深对教育教学规律、人的成长规律和思想政治教育规律的理解，探索课程思政的内在规律性、科学性和基本方法规范。②

高校的相关职能部门和思想政治教育工作队伍是课程思政建设和实施的重要助力。③ 从党委的宏观统筹到教师的一线实施之间，离不开高校职能部门、二级学院和思想政治教育工作队伍责任的落实。例如，在课程思政实施过程中，教师工作部和党委宣传部在广大一线教师中挖掘课程思政的先进典型，进行宣传教育；人事处加大对师德师风、课程思政探索等在教师准入以及教师职称评定工作中的考量；学工部、团委等部门联合思政课教师、辅导员参与综合素养课和专业课教学实践；马克思主义学院在课程的开发和实施中把握深度、广度和温度，做好理论指导等。只有各方协调共进，才能确保课程思政课堂教学有序、高效开展。

此外，有学者认为，高校课程思政建设的关键在于作为教育之实施者的教师，育人的效果在于作为受教育主体的学生，其深化的程度在于本领域的研究主体的整体水平及网络合作度。教育意义的产生是教育多主体间交互作用的结果，要实现高校课程思政的可持续化发展，在主体维度上必须改变当前以教师为单一主体的认识，推进从单一主体到多维互动教育共同体的生成，汇聚教育主体与受教育主体、研究主体协同的

① 张旭，李合亮．廓清与重塑：回归课程思政的本质意蕴 [J]. 思想教育研究，2021（5）：16-121.

② 宗爱东．课程思政：一场深刻的改革 [M]. 上海：上海人民出版社，2022：37.

③ 戚静．高校课程思政协同创新研究 [D]. 上海：上海师范大学，2020.

作用合力，从而实现全员育人格局。[①]可见，在高校课程思政实施过程中，各类教师及相关教职人员要联合行动、相互配合，树立共同体意识，彼此共享资源，不断优化组织结构，持续推动课程思政系统的共享协同发展，打造教育者合力育人的长效机制。

四、大学生认同和实践，促成积极的自我教育

教育活动的作用对象是具有思想意识和能动性的人，这就使得受教育者具有主体性。受教育者的自我意识、自我驱动能力和自省能力为其主体性的实现提供了可能，当教育活动进入引导受教育者自我教育的阶段，受教育者便具备了主体地位。[②]作为高校教育活动的重要组成部分，课程思政实施的过程也是促成当代大学生实现自我教育的过程，因此，大学生是课程思政实施过程中自我教育阶段的主体。

课程思政建设强调“关键在教师、成效在学生”，课程思政的实施成效最终须以学生的获得感为检验标准。获得感的提升取决于学生主体性的实现，因此大学生的自我教育是决定课程思政实施成效的关键过程。[③]课程思政围绕坚定理想信念而展开的以政治认同、家国情怀、文化素养、宪法法治意识、道德修养等为重点内容的教育活动，均需要大学生发自内心的认同，并通过实践来检验和践行。无论是上述内容的认同还是实践，都立足和依托于大学生个体的自主意识，自主意识的强弱决定着自我教育的积极性、主动性、创新性程度的高低，进而决定着课程思政实施的效果。需要注意的是，课程思政过程中的自我教育是在教师的指导下展开的。无论是公共基础课教师还是专业课教师，均需要在有

① 杜鹏．高校课程思政的协同、施教及保障机制研究[D].保定：河北大学，2022.

② 李合亮．解析与建构：当代中国思想政治教育的哲学反思[M].北京：人民出版社，2010：59-60.

③ 石磊，金炜康．大学生自我教育的实施路径[J].中国高等教育，2022(2)：59-61.

机组合课程内容和思政教育元素的基础上，妥善处理好课程教学、思政内容传授和学生自我教育指导三者之间的关系。

第二节　课程思政的客体

2021 年 4 月，习近平总书记在清华大学考察时强调：“我们要建设的世界一流大学是中国特色社会主义的一流大学，我国社会主义教育就是要培养德智体美劳全面发展的社会主义建设者和接班人。我国高等教育要立足中华民族伟大复兴战略全局和世界百年未有之大变局，心怀‘国之大者’，把握大势，敢于担当，善于作为，为服务国家富强、民族复兴、人民幸福贡献力量。广大青年要肩负历史使命，坚定前进信心，立大志、明大德、成大才、担大任，努力成为堪当民族复兴重任的时代新人，让青春在为祖国、为民族、为人民、为人类的不懈奋斗中绽放绚丽之花。”

一、当代大学生是高校课程思政面向的客体

中共中央、国务院《关于进一步加强和改进大学生思想政治教育的意见》指出，大学生是十分宝贵的人才资源，是民族的希望，是祖国的未来。当代大学生思想政治状况的主流是积极、健康、向上的。他们热爱党，热爱祖国，热爱社会主义，坚决拥护党的路线方针政策，高度认同党的指导思想和执政理念，对中国特色社会主义道路充满信心。同时，国际国内形势的深刻变化，使大学生思想政治教育面临严峻挑战。大学生面临着大量西方文化思潮和价值观念的冲击，某些消极生活方式对大学生的影响不可低估。一些大学生不同程度地存在政治信仰迷茫、理想

信念模糊、价值取向扭曲、诚信意识淡薄、社会责任感缺乏、艰苦奋斗精神淡化、团结协作观念较差、心理素质欠佳等问题。加强和改进大学生思想政治教育，提高他们的思想政治素质，把他们培养成中国特色社会主义事业的建设者和接班人，对于全面实施科教兴国和人才强国战略，确保中国特色社会主义事业兴旺发达、后继有人，具有重大而深远的战略意义。

二、以学生为中心，关照身心特点，实现育人目标

在高校课程思政建设过程中，学生是最核心的要素。广大青年学生既是高校课程思政面对的客体，又是课程思政设计和实施的出发点和立足点。新时代的大学生是与新时代同向同行、共同前进的一代，生逢盛世，肩负重任，他们具有鲜明的群体特点。

首先，他们思想多元开放，乐于接受新事物。作为“网络社会的原住民”，他们对世界充满好奇，渴望与世界有更多互动；他们拥有多样化的信息获取方式，也具有较强的接受能力和学习能力。然而，缺乏社会历练和生活磨砺也使得他们在面对多元化新思想和新事物时，并不容易做出独立正确的价值判断和选择。因此，在多元中寻求价值认同，引领好青年人的思想建设，是课程思政建设的重要任务。

其次，他们对自身的发展目标趋向理性务实。新时代的大学生对生活品质有更高的追求，对美好生活有强烈的向往。同时，在激烈竞争的社会，他们在奋斗目标的选择上趋向理性务实，他们更加关注自身物质利益的获取及合法权利的保障，更加关注自身发展与社会需要的契合度。但是，面对未来的不确定性及其带来的巨大压力，大学生还容易出现自信心不足、动力缺乏的问题。如何更好地将教育内容贴合大学生的内心需求与发展目标，也是课程思政建设的重要内容。

最后，新时代的大学生还是具备网络基因的一代。调查发现，当前大学生群体的涉网程度较深，85.2% 的大学生平均每天上网时间达 2 小时，

96.0% 的大学生使用微博或微信，有 20.3% 的大学生表示“因上网而影响了正常休息”。[①] 伴随着信息技术和互联网的发展，人们的个性得以彰显，对信息的筛选有较大的自主性，但也更容易陷入自身编织的“信息茧房”。因此，每个人都需要不断丰富自己的知识和技术，勇于承担个体责任、家庭责任和社会责任。这就要求课程思政建设不仅要面对教室里的人，还要善于在网络空间培养人。[②]

高校课程思政必须坚持以学生为中心，充分关照现代大学生的身心特点，才能更好地实现立德树人的教育目标。课程设计过程须以学生学习为导向，课堂教学活动要体现学生的主体性，调动学生的学习积极性；大力推进传统教学方式与现代信息技术的有机融合，通过线上线下融合式教学改革，探索构建以学生为中心的课程思政示范课程。引导学生进行自我教育，通过自主学习，学会关心并运用自己的专业知识分析国家战略和社会热点，自觉接受马克思主义理论熏陶，不断提高自身的政治追求和文化素养，树立正确的世界观、人生观和价值观，[③] 真正成长为爱国爱民、锤炼品德、勇于创新、实学实干的社会主义事业建设者和接班人。

① 沈壮海，王迎迎.2016 年度大学生思想政治教育状况调查分析：基于全国 35 所高校的调查 [J]. 中国高等教育，2017（11）：45-50.

② 宗爱东 . 课程思政：一场深刻的改革 [M]. 上海：上海人民出版社，2022：61.

③ 杜鹏 . 高校课程思政的协同、施教及保障机制研究 [D]. 保定：河北大学，2022.

第三节　课程思政的内容

课程思政的核心点在于全面提高高校人才培养能力，其内容建设需要在所有课程中挖掘、提炼课程本身内含的信念追求、道德规范、社会责任、家国情怀、科学素养、人文精神等思政资源，以实现知识传授与价值引领的有机统一。[①]

一、课程思政内容的三个领域和五个方面

“课程思政”是我国思想政治教育工作的重大理论创新，它以立德树人为根本任务，以课程为载体，充分发挥各类课程（思想政治理论课、综合素养课程和专业教育课程）的思想政治教育功能，实现显性与隐性相结合的全员、全程、全课程协同育人格局。综合来说，课程思政的内容主要由三部分构成：其一，政治要素。挖掘课程的政治要素是课程思政建设的首要内容，具有重大的战略意义。加强社会主义核心价值观对大学生的思想引领，培养学生树立科学的世界观、人生观和价值观，为党育人，为国育才，是高校在新时代的育人使命。其二，道德要素。道德要素是课程思政的重要内容。在教师的言传身教中，在教学活动的点滴中，在教育相关主体的互动中，挖掘道德元素，育人先育德。其三，人文要素。课程思政的人文要素是指课程教学的人文情怀、科学精神等。

① 李合亮．厘清课程思政的基本问题[J]．学校党建与思想教育，2024（3）：27-30，42．

挖掘课程教学中的人文要素能使学科知识更加丰富，技能培养更加务实，教育过程增添趣味性，[①] 更为重要的是，其能引导学生在人文熏陶中传承时代精神、树立理想信念。

根据教育部《高等学校课程思政建设指导纲要》阐明的课程思政建设内容重点——课程思政建设内容要紧紧围绕坚定学生理想信念，以爱党、爱国、爱社会主义、爱人民、爱集体为主线，围绕政治认同、家国情怀、文化素养、宪法法治意识、道德修养等重点内容，系统进行中国特色社会主义和中国梦教育、社会主义核心价值观教育、法治教育、劳动教育、心理健康教育、中华优秀传统文化教育，高校课程思政的内容重点从以下五个方面入手：

一是推进习近平新时代中国特色社会主义思想进教材进课堂进头脑。坚持不懈用习近平新时代中国特色社会主义思想铸魂育人，引导学生了解世情国情党情民情，增强对党的创新理论的政治认同、思想认同、情感认同，坚定中国特色社会主义道路自信、理论自信、制度自信、文化自信。

二是培育和践行社会主义核心价值观。教育引导学生把国家、社会、公民的价值要求融为一体，提高个人的爱国、敬业、诚信、友善修养，自觉把小我融入大我，不断追求国家的富强、民主、文明、和谐和社会的自由、平等、公正、法治，将社会主义核心价值观内化为精神追求、外化为自觉行动。

三是加强中华优秀传统文化教育。大力弘扬以爱国主义为核心的民族精神和以改革创新为核心的时代精神，教育引导学生深刻理解中华优秀传统文化中讲仁爱、重民本、守诚信、崇正义、尚和合、求大同的思想精华和时代价值，教育引导学生传承中华文脉，富有中国心、饱含中国情、充满中国味。

---

① 杜鹏．高校课程思政的协同、施教及保障机制研究[D].保定：河北大学，2022.

四是深入开展宪法法治教育。教育引导学生学思践悟习近平全面依法治国新理念新思想新战略，牢固树立法治观念，坚定走中国特色社会主义法治道路的理想和信念，深化对法治理念、法治原则、重要法律概念的认知，提高运用法治思维和法治方式维护自身权利、参与社会公共事务、化解矛盾纠纷的意识和能力。

五是深化职业理想和职业道德教育。教育引导学生深刻理解并自觉实践各行业的职业精神和职业规范，增强职业责任感，培养遵纪守法、爱岗敬业、无私奉献、诚实守信、公道办事、开拓创新的职业品格和行为习惯。

二、课程思政内容因课程类别和学科专业特色而有所侧重

具体到不同的课程类别，需要将上述宏观要求细化分解落实到具体的培养目标中。

专业教育课程要根据不同学科专业的特色和优势，深入研究不同专业的育人目标，深度挖掘提炼专业知识体系中所蕴含的思想价值和精神内涵，科学合理拓展专业课程的广度、深度和温度，从课程所涉专业、行业、国家、国际、文化、历史等角度，增加课程的知识性、人文性，提升引领性、时代性和开放性。具体而言，哲学社会科学类课程重在价值引领；自然科学类课程重在责任担当。

哲学社会科学类课程在高校育人工作中占据重要地位。哲学社会科学旨在揭示人类社会生活的多样事实、内部结构和发展规律，研究的是关乎人的发展与社会发展的基础性与根本性问题①。因而，这类课程最核心的是立场问题。立场是人们认识问题、情感态度、思维方法、行动实践的立足点，涉及人的价值形成、是非标准、世界观和人生观。哲学社

① 高国希，叶方兴．高校课程体系合力育人的理论逻辑[J]. 中国高等教育，2017（23）：10-13.

会科学课程属于价值学科，有着丰富的价值内涵，体现人的存在与发展的现实需求，反映人在社会生活各领域需要的价值形态，旨在帮助学生形成正确的世界观、人生观、价值观，提高道德修养和精神境界，养成科学思维习惯，促进身心和人格健康发展。除此之外，这类课程还培养学生的批判性思维和担当精神，强调社会历史责任，强调家国情怀，具有鲜明的历史价值取向。

自然科学类课程旨在揭示自然界发生的现象及其实质，进而把握其规律，具有强知识性、强逻辑性和弱意识形态性的特点，但它并不是“价值无涉”的。自然科学所体现的科学精神、理性意识，人类对自然科学利用所彰显的现实关怀，以及自然科学所培育的专业人才所体现的修为都与价值密切相关。“科学能够解释自然过程，但永远不能对人发号施令。爱好、爱恋、愉快、烦恼、筋疲力尽——科学并不懂得这一切。人在生活中遇到的和经历的事情，必须由人自己来解释和评估。”[①]因此，自然科学类课程最核心的是心怀国之大者。习近平总书记指出：“历史经验表明，科技革命总是能够深刻改变世界发展格局。”“中国要强盛、要复兴，就一定要大力发展科学技术，努力成为世界主要科学中心和创新高地。我们比历史上任何时期都更接近中华民族伟大复兴的目标，我们比历史上任何时期都更需要建设世界科技强国！”[②]在这类课程中，人们要通过学科发展历史中所体现的规律，挖掘科学精神的本质；通过知名科学家的事迹，挖掘科学家对祖国、对人类的责任担当。

综合素养类课程包含通识课程和公共基础课程，其核心是在通识教育中根植理想信念。教育部《高等学校课程思政建设指导纲要》提出，要重点建设一批提高大学生思想道德修养、人文素质、科学精神、宪法

① 哈贝马斯.认识与兴趣[M].郭官义，李黎，译.上海：学林出版社，1999：288.

② 习近平：在中国科学院第十九次院士大会、中国工程院第十四次院士大会上的讲话[EB/OL].（2018-05-28）[2024-5-16].https://www.gov.cn/gongbao/content/2018/content_5299599.htm.

法治意识、国家安全意识和认知能力的课程，注重在潜移默化中坚定学生理想信念、厚植爱国主义情怀、加强品德修养、增长知识见识、培养奋斗精神，提升学生综合素质。打造一批有特色的体育、美育类课程，帮助学生在体育锻炼中享受乐趣、增强体质、健全人格、锤炼意志，在美育教学中提升审美素养、陶冶情操、温润心灵、激发创造创新活力。这些正是综合素养类课程思政的主要内容。有学者认为，高校通识教育要有灵魂，要成为培育和践行社会主义核心价值观的重要课堂，其使命就是以“润物无声”的形式将正确的价值追求和理想信念有效传递给学生，在潜移默化中加强理想信念教育。例如，上海市一些高校推出的“中国系列”品牌课程，紧扣时代发展，回应大学生关切，成为广受欢迎的“热门课”。[①]

实践类课程的核心是知行合一。实践是人才培养的重要环节，通过专业实践课程，提升学生动手能力，增强学生勇于探索的创新精神、善于解决问题的实践能力。通过创新创业教育课程，学生“敢闯会创”，在亲身参与中增强创新精神、创造意识和创业能力。[②]通过社会实践，教育和引导学生弘扬劳动精神，将“读万卷书”与“行万里路”相结合，增强学生对国情社情民情的理解，扎根祖国大地，增长智慧才干，锤炼意志品质，培养奋斗精神。

总而言之，课程思政要紧紧围绕专业课程这一基本载体，深入梳理专业课教学内容，结合不同课程特点、思维方法和价值理念，深入挖掘课程思政元素，有机融入课程教学，达到润物无声的育人效果。

---

① 高德毅，宗爱东．从思政课程到课程思政：从战略高度构建高校思想政治教育课程体系[J]. 中国高等教育，2017（1）：43-46.

② 卢黎歌，吴凯丽．课程思政中思想政治教育资源挖掘的三重逻辑[J]. 思想教育研究，2020（5）：74-78.

第四节　课程思政的关系

课程思政强调充分发挥各类课程的思想政治教育功能，在知识传授中实现价值引领，打造全员、全程、全方位的育人格局。课程思政是一项系统工程，其建设过程要围绕国家和社会对于人才培养要求这一根本，处理好系统内各要素之间的关系，把握其相互关联和相互作用，形成协同效应，以实现课程思政建设的整体优化。

一、课程思政要形成教师队伍合力

教学活动是教师主导的过程，课程协同育人效果的实现有赖于教师队伍的同向同行。一是专业课教师队伍内部同向同行，体系化的专业教学设计和实施有助于打破分科思维困境，树立系统思维，实现课程的育人价值。教师要依据课程特点，以问题为导向，在师生互动的沉浸式参与中引导学生主动思考，帮助学生打破思维边界，汲取多学科跨界营养，提高整体育人效果。二是思政课教师和专业课教师队伍的同向同行。思政课教师与专业课教师同为高等教育的园丁，他们天然地是休戚与共的育人共同体。在专业课程教学实施过程中，专业课教师向思政课教师学习，提升思政理论水平和理论素养；思政课教师可以从思政角度对教学设计、教学内容等的合理性进行论证，实现思政元素、案例、资源的互通[①]；课堂教学环节，专业课教师和思政课教师可以双师同堂，共同开展教学并不断完善课程设计。两支队伍积极协调配合，促进思想政治理论教育与专业教育有效融合互动。[②]

此外，任课教师与思想政治教育管理者之间形成协同。课程思政建设要作为党委“一把手”工程来抓，要通过顶层设计将课程思政要求融入学校治理体系之中，出台支持引导教师开展课程思政的相应政策，重视教师育德意识和育德能力的培养，为教师的教书育人引好路、搭好台。做好领导与服务工作的结合，做到相信教师、引领教师、依靠教师、服务教师。要发挥党员教师的先锋模范带头作用，以点带面推动课程思政的示范课建设。辅导员是高校日常思想政治教育工作的主要承担者，是高校课程思政建设过程中的一支重要的管理协同力量。他们了解学生的生活现状和个性特点，能够第一时间掌握学生的思想和行为变化。加强课程思政任课教师与辅导员团队之间的互动协同，思政课教师和专业教师参与思想政治工作，辅导员走进学生思政理论学习和专业学习，能够实现优势互补，更有效地推进高校思想政治工作，提升学生综合素质，落实立德树人根本任务。

教师与学生之间需要建立互信关系。课程思政最终要落实到具体的教学活动中，其中教师发挥主导作用，学生处于主体地位。课程思政要发挥作用必须得到学生的响应和接受。因此，必须处理好教师教和学生学的关系。教师的课堂教学要考虑学生的理解和接受问题，从学生关注的社会热点问题，学生容易忽视的问题，或者学生专业学习的困惑入手，做出专业分析和价值引领，促进学生发展。[③]

① 张旭，李合亮．廓清与重塑：回归课程思政的本质意蕴[J].思想教育研究，2021（5）：16-121.

② 杜鹏．高校课程思政的协同、施教及保障机制研究[D].保定：河北大学，2022：51.

③ 戚静．高校课程思政协同创新研究[D].上海：上海师范大学，2020.

课程思政育人效果的达成很大程度上还取决于教师的职业素养和政治素养，或者说是“教学实践智慧”。所谓教学实践智慧，指的是教师凭借自身专业素养和职业情怀，在具体的教学活动中展现出的适应能力与创造能力，它直接关系课程思政的成效。教师在策划组织课程思政实践活动时，应注意以生为本，同时准确把握专业内容及学生的思想状况，在课堂沟通交流中建立起师生互信关系，畅通价值传递通道。[①]教师应充分考量不同专业、年龄、年级、性别学生的思想状况特点、差异与规律，充分尊重学生的主体性与差异性，在教学过程中预设多种情境，调动学生的积极性、激发学生的想象力与创造性，真正将“教学活动场”转化为“价值体验场”，[②]以达成育人目标。

二、各类课程之间应形成育人合力

课程思政是一项全局性工作，涉及多重维度，在课程落实层面需要遵循整体课程观念。公共基础课程、通识素养课程、专业课程等各类课程共担责任、协同建设，发挥育人合力。在这一过程中，要充分承认课程之间的异质性和相对独立性，立足课程热点，重新激活课程的教化功能，将课程内在的、内生的价值理念外化于教学活动中，使高等教育成为一场思政课程领唱、所有课程和音的育人大合唱。[③]有学者认为，思想政治理论课在高校思想政治教育体系中发挥“群舞中的领舞”作用，其在专业课程教学的课程思政践行过程中提供基本的理论指导，尤其是在教学设计规划、教学内容的深度开发、思想政治理论教育原理的运用等

① 范卿泽．课程思政理论与实践[M]．北京：人民教育出版社，2022：159.

② 叶方兴．观念·原则·活动：正确理解课程思政的三重维度[J]．思想理论教育导刊，2020（10）：138-141.

③ 张旭，李合亮．廓清与重塑：回归课程思政的本质意蕴[J]．思想教育研究，2021（5）：16-121.

方面发挥重要作用。[①] 同时，综合素养课程、专业教育课程应坚持以马克思主义为指导，加强学科对话和理论引导，凸显育人功能，实现“共舞中共振”效应。[②]

高校思想政治理论课程是高校德育主渠道课程，承担着对大学生进行系统的马克思主义理论教育的任务，在课程思政体系中发挥“群舞中的领舞”作用。要引导广大青年学生全面学习掌握马克思主义基本原理、马克思主义中国化的重大理论成果，深入贯彻落实习近平新时代中国特色社会主义思想等；要满足学生成长发展需求和期待，使学生在观察社会、分析社会、参加社会实践时具有稳健的立场和科学的方法论；要通过研究，创新教学方式方法，增强亲和力、说服力和感染力，实现对学生的育人指导。

综合素养课程体系中的通识教育是面向全体学生开设的非专业性教育，具有受众广泛、教育内容丰富、知识基础性的特点，承担着润物无声地传达价值追求与理想信念的使命。公共基础课程是各专业学生的必修课程，是培养德智体美劳全面发展人才的重要支撑。二者是隐形思政教育的阵地，应在知识传授中强调主流价值引领，即在培育学生综合素养过程中筑牢理想信念。

专业课程是课程思政的基本载体，是高校课程思政建设的“主战场”和“主渠道”。它们与思政课程同向同行，在关注知识和技艺学习的同时，更要着眼于学生的认知、情感、价值观、信念的共同构建和思想的引领。人文学科和艺术学科课程涉及人文情怀的涵育，是培养真、善、美之心的课程，[③] 要通过课程思政激发起学习者做真、善、美的追求者和传播者的热情和动力。社会科学课程涉及对社会的解释、管理，其课程思政要注重用社会主义核心价值观引领社会思潮、凝聚社会共识；要通

---

① 陈华栋．课程思政：从理念到实践[M]. 上海：上海交通大学出版社，2020：71.

② 宗爱东．课程思政：一场深刻的改革[M]. 上海：上海人民出版社，2022：1.

③ 高国希．构建课程思政体系的教育哲学审视[J]. 思想理论教育，2020（10）：4-9.

过讲好中国故事、构建中国话语、阐释中国价值、弘扬中国精神，充分彰显中国的制度优势、发展成就和世界贡献；要运用马克思主义的立场、观点和方法，正确解读中国现实、回答中国问题，提炼标志性学术概念，打造具有中国特色和国际视野的学术话语体系。理工农医类课程让人遵循理性的力量，从而为实现人的自由而全面的发展提供科学技术的助力，要把马克思主义立场、观点、方法的教育与科学精神的培养结合起来，注重对学生进行科学思维方式和科学伦理的训练。

总而言之，各门类课程在立德树人过程中具有先天的内在联系。高校课程思政建设应整合学校各门类的课程资源，积极发挥各门类课程的思想政治教育功能，实现教书与育人、知识教育与价值教育、显性课程与隐性课程的有机融合，① 有效实现协调同步、相得益彰的育人过程。

第五节　课程思政的环境

2020 年教育部印发的《高等学校课程思政建设指导纲要》指出，课程思政建设是一项系统工程。要牢固确立人才培养的中心地位，围绕构建高水平人才培养体系这一中心，不断完善课程思政工作体系、教学体系和内容体系。高校主要负责同志要直接抓人才培养工作，统筹好各学科专业、各类课程的课程思政建设。要紧紧围绕国家和区域发展需求，结合学校发展定位和人才培养目标，构建全面覆盖、类型丰富、层次递进、相互支撑的课程思政体系。要加强顶层设计，全面规划，循序渐进，

① 叶方兴．观念·原则·活动：正确理解课程思政的三重维度 [J]．思想理论教育导刊，2020（10）：138-141.

以点带面，不断提高教学效果。要尊重教育教学规律和人才培养规律，适应不同高校、不同专业、不同课程的特点，强化分类指导，确定统一性和差异性要求。要充分发挥教师的主体作用，切实提高每一位教师参与课程思政建设的积极性和主动性。要建立健全课程思政建设的质量评价体系和激励机制。因此，课程思政的建设和实施过程需要依托系统的环境建设提供支持并且予以保障。

一、课程思政的运作环境

课程思政的有序运作要依托现代高校治理体系来推进。

首先，坚持党对课程思政建设的全面领导。全面推进高校课程思政建设，是贯彻习近平总书记关于教育重要论述的重要举措，是落实立德树人任务的必然要求，也是全面提高人才培养质量的任务要求。高校党委作为课程思政建设的责任主体，在推进课程思政建设的过程中要发挥领导核心作用，对课程思政建设要强化顶层设计，进行系统谋划、总体部署，统筹推进。二级学院党组织作为课程思政建设的具体组织主体和推动主体，要发挥监督、保障和枢纽作用，要在高校党委的领导下，与校内各职能部门协同育人。

其次，构建全课程协同育人机制。2016 年 12 月，习近平总书记在全国高校思想政治工作会议中强调，“提升思想政治教育亲和力和针对性，满足学生成长发展需求和期待，其他各门课都要守好一段渠、种好责任田，使各类课程与思想政治理论课同向同行，形成协同效应。”这为高校课程思政全课程协同育人提供了理论遵循。提升课程育人质量，需要围绕立德树人根本任务，遵循思想政治工作规律、教书育人规律和学生成长规律，科学设置课程育人体系，挖掘各类课程中的思政教育元素，将显性育人和隐性育人充分结合，实现专业课程与思政课程协调配合，提升育人实效。专业课程、综合素养课程与思想政治理论课程在人才培养总目标上具有高度一致性，相互之间可以实现分工协作、联动育人。

在阐释思想政治理论等重大问题上，思想政治理论课程发挥示范和引领作用；各专业课程教学在传授知识体系的同时，发挥“德学兼修”作用；综合素养课程则助力学生实现全面发展。各类课程在协同联动机制中，形成合力、同向同行。

再次，提供助力教师育德意识和育德能力提升的制度保障。教师是课程思政建设和实施的关键因素。教师讲什么、如何讲，以及什么样的教师来讲，直接关系到课程思政目标的实现。这需要一系列教师激励制度和素质提升制度予以保障。具体而言，一是出台支持引导教师开展课程思政建设的相应政策，着力从教学改革项目设置、科学研究项目申报、人才培养计划竞争等方面加强课程思政引导，把教师的关注点引导到课程思政建设中来。二是建立教师交流培训制度，促进专业教师之间的交流与培训。教师通过对马克思主义理论和习近平总书记系列重要讲话精神的学习，可以充分掌握辩证唯物主义和历史唯物主义的世界观和方法论，从战略高度思考自身从事的教育事业；教师通过系统学习，可以促进教师对思想政治教育素养的把握，使教师充分认同课程思政理念，积极投入课程思政建设实践。三是建立教师共享机制。通过传帮带教育，畅通渠道，推动老教师以高尚的职业道德和丰富的教学实践经验引领青年教师。完善团队建设，助力青年教师成长锻炼。通过优质师资共享，实现对口帮扶；跨领域、跨区域组建师资团队，积聚优质资源开展重大项目攻关，产生重大理论成果。建设区域平台，为教师搭建成长和展示平台。四是加强教师社会实践。将课程思政教育内容与大学生暑期社会实践、日常志愿活动、实习挂职锻炼等内容相结合，建设与课堂教学相互促进的第二课堂教学体系。①

① 宗爱东．课程思政：一场深刻的改革［M］．上海：上海人民出版社，2022：235.

二、课程思政的管理环境

课程思政贯穿全员、全过程、全方位的教育教学过程，因此需要构建高效的组织管理体系，营造支持性的管理环境。管理体系是课程思政有效推进的环境和土壤，管理环境需要不断优化和完善方能为高校课程思政建设提供坚实支撑。

首先，设立课程思政管理机构，并形成协调机制。对此，首要的是明确分管领导，着重责任到人。成立学校课程思政建设专家委员会，并将其作为并列于学校教学指导委员会和学术指导委员会的常设机构。完善课程思政建设和评价标准，真正将学生的获得感作为评价课程的重要标准，实现“专业不减量，育人提质量”。出台支持引导教师开展课程思政建设的相应政策，着力从教学改革项目设置、科学研究项目申报、人才培养计划竞争等方面加强课程思政引导。建立课程思政督导机制，将课程思政的有关要求在各级各类人员的听课制度、督导制度中进行体现、融入。[①] 完善课程思政教学管理机构，结合课程思政统一性和多样性的特征，开展教学管理工作。统一性是指课程思政以立德树人为目标，无论何种专业、课程、学校，均应当实施思想政治教育；多样性是指课程思政的实施过程因学生的专业、年龄、学校类型等，在实施路径、方法和教学内容等方面存在差异，需要体现不同学校、学科和课程的特色和多样性。基于以上特征，课程思政教学管理机构主要围绕以下职责开展工作：第一，建设课程思政精品示范课程：联合思政教育专家和课程思政团队相关人员进行探讨和研发，编制教学大纲、挖掘整理教学资源，形成有示范价值和引领意义的精品示范课程。第二，组织课程思政教育教学改革培训：对专业课教师和思政课教师进行一体化统一培训，同时对辅导员、教育行政管理和辅助相关岗位教师进行培训，为形成全员育人体系做铺垫。第三，统筹协调和管理任课教师：定期组织教师开展集

① 宗爱东．课程思政：一场深刻的改革[M]．上海：上海人民出版社，2022：15.

体备课和试讲等，重点关注教案编写过程中课程思政目标和专业课程目标的契合以及两方面内容的有效融合问题；同时，通过集体备课等形式加强课程思政的素材开发和教学资源建设，丰富教学内容，保证育人效果。第四，进行教学评价与反馈：由于教师、学生、专业等的不同，课程思政的实施效果也会存在差异；课程思政的评价应体现科学性、多元化特点。①

其次，优化专业人才培养方案。人才培养方案是进行专业教育的重要指导性文件，在其中融入课程思政的要求将有利于课程思政教学的开展。在高等教育阶段，学校教育围绕专业展开，学生的世界观、人生观、价值观及其与社会各方面的互动较为密切，因而人才培养方案的制定和优化尤其要体现立德树人和课程思政的相关要求。在教学计划的设置中，同样要围绕立德树人这一根本任务，有效规范专业课程的教学内容、教学方式、教学步骤、教学方法及教学结构。在课程体系设置中有效地加入课程思政元素，使学生系统地掌握专业课程知识的同时，建立课程思政与专业知识之间的联结，提升综合素质，从而实现立德树人的根本任务。

最后，搭建课程思政育人平台。课程思政育人载体是课程思政育人的主要实践基地，包括传统的课堂、实习实训基地、校外实践场所、校园文化环境及网络学习平台等。传统课堂作为人类文明传承的主要载体之一，是现代学校教育的主渠道，也是课程思政的主要抓手。教师借助第一课堂为学生整合理论知识体系，强化价值引领，对学生产生积极的导向。贴近生活实践的实习实训场所丰富了教育的趣味性，有利于学生更高效地接受课程思政教育。当前，一些爱国主义教育基地、青少年教育基地等校外教育资源，以及各专业实习实训基地、行业场所等均能助力课程思政的有效实施。校园文化环境建设有利于构建浓郁的课程思政

① 范卿泽．课程思政理论与实践[M]．北京：人民教育出版社，2022：165-167.

氛围，例如，体现时代特点的校园文化长廊、专业知识与思政内容有机结合的宣传标识等都是重要的教育资源。此外，信息技术的发展深刻地影响着每个人的生活。青年学生富有朝气，对新事物有强烈的好奇心。课程思政建设需要占据信息传播高地，搭建网络平台，通过年轻人喜闻乐见的方式开展课程思政教育，引导学生客观、全面地看待网络信息，形成积极的价值判断。

三、课程思政的评价环境

2020 年 10 月，中共中央、国务院印发的《深化新时代教育评价改革总体方案》指出，新时代的教育评价改革应坚持立德树人，牢记为党育人、为国育才使命，充分发挥教育评价的指挥棒作用，引导确立科学的育人目标，确保教育正确发展方向。这赋予了教育评价在新时代的使命与功能。该方案还提出，坚持科学有效，改进结果评价，强化过程评价，探索增值评价，健全综合评价，充分利用信息技术，提高教育评价的科学性、专业性、客观性。坚持统筹兼顾，针对不同主体和不同学段、不同类型教育特点，分类设计、稳步推进，增强改革的系统性、整体性、协同性。这为课程思政评价环境的构建提供了思路。

课程思政的评价既要回应课程评价自身的功能与价值，又要回应课程思政的理论基础与价值取向。[①]一方面，评价要基于一定的标准，以一种系统的、综合的方式对教育过程和教育效果进行分析与判断，从而发挥其诊断与修正、决策与服务的作用。另一方面，课程思政要坚守立德树人的本质要求，以协同育人为理念，以显性教育与隐形教育结合为实施方法，以创新思维推动课程思政的创新发展。

2020 年教育部印发的《高等学校课程思政建设指导纲要》指出，全面推进课程思政建设，就是要寓价值观引导于知识传授和能力培养之中，

---

① 范卿泽．课程思政理论与实践 [M]. 北京：人民教育出版社，2022：175.

帮助学生塑造正确的世界观、人生观、价值观。要紧紧抓住教师队伍“主力军”、课程建设“主战场”、课堂教学“主渠道”这三大力量。建立健全课程思政建设质量评价体系和激励机制。人才培养效果是课程思政建设评价的首要标准。这为课程思政的评价提供了依据和启示。具体而言，课程思政的评价内容和评价环境构建可以从课堂教学、学生发展和教师发展这三大领域入手。

一是课堂教学的评价。课堂教学作为课程思政的“主渠道”，是课程思政评价的重要部分。课堂教学评价是与课程教学有关的测量与评价的总称，它是指为促进学生学习、改善教师教学而实施的，对学生的学习过程与结果、教师的教学所进行的测量和评价。[①] 基于课程思政的课堂教学评价应着眼于各学科思政元素及其功能在教学中的发挥，需要立足自身的学科特点，强化学科育人功能，也要注重发挥学科之间的协同育人作用。

课程思政建设需要构建全课程协同育人机制，因而其课堂教学评价要体现综合性，这是由新时代教育改革评价的要求、课程思政的本质特点和课堂教学评价的基本规律决定的。

首先，《深化新时代教育评价改革总体方案》指出，“坚持科学有效，改进结果评价，强化过程评价，探索增值评价，健全综合评价”“坚持统筹兼顾，针对不同主体和不同学段、不同类型教育特点，分类设计、稳步推进，增强改革的系统性、整体性、协同性”。这就需要以综合性的视角看待评价问题。因此，基于课程思政的课堂教学评价，既要回应课堂教学评价的价值导向和基本维度，考虑评价的科学性与合理性；又要遵循教育教学实践规律，兼顾评价的可行性与操作性。

其次，课程思政的本质特征是挖掘各类课程中蕴含的思政教育元素和功能，在教学中以隐藏、渗透的方式对学生进行教育，实现德行培养

---

① 余林，张大均，吕达．课堂教学评价 [M]. 北京：人民教育出版社，2006：6.

和价值塑造。课程思政需要以形式多样的教学活动推进感性和理性的有机融合、认识与实践的相互照应，以促进知识学习与心灵滋养的相互统一。因此，课程思政的课堂教学评价需要以多元化视角、从多样化表现中识别思政元素在各个教学环节中的实现效果。

最后，课堂教学评价应体现发展性、主体性、效益性、艺术性、过程性和多元性，以利于学生成长、教师专业发展和课堂教学质量提高。①因此，课程思政的课堂教学评价需要兼顾多元主体的价值诉求，促进学生成长和教师发展，提升科学育人水平和协同育人效果。

二是学生发展的评价。习近平总书记在全国教育大会上指出："培养什么人，是教育的首要问题。我国是中国共产党领导的社会主义国家，这就决定了我们的教育必须把培养社会主义建设者和接班人作为根本任务，培养一代又一代拥护党的领导和社会主义制度、立志为中国特色社会主义事业奋斗终身的有用人才。""通过课程思政所蕴含的思想道德追求、科学精神、爱国情怀、优秀传统文化、人格培养等内容，对学生发挥思想价值引领作用，强调在各类课程中增强政治认同、价值引领和文化认同，在潜移默化中影响学生的思想、行为和价值选择。"②因此，基于课程思政的学生发展评价要考虑政治引领和价值导向两个方向，评价课程思政在学生政治方向引领和社会主义核心价值观引领等方面的教育成效，指向家国情怀、理想信念、政治认同、使命担当等方面的培养要求，这也是判断课程思政育人效果的重要内容。③

《深化新时代教育评价改革总体方案》指出："坚持科学有效，改进结果评价，强化过程评价，探索增值评价，健全综合评价。"课程思政的实施应围绕学生思想政治素质的"增值"，通过过程性评价和总结性评

① 余林．课堂教学评价 [M]．北京：人民教育出版社，2006：347.

② 黄荣芳，李华钢．思想政治理论课在课程思政教改中的价值引领作用 [J]．教育教学论坛，2023（38）：60-61.

③ 范卿泽．课程思政理论与实践 [M]．北京：人民教育出版社，2022：189.

价相结合、质化评价和量化评价相结合、集体评价和个案分析相结合等方式实现。

过程性评价指在课程思政开展过程中，由学生、教师等主体共同参与，采用观察、座谈、问卷调查等方法，评价学生课堂学习、平时作业等日常学习全过程的认知、情感、态度、策略、行为等方面的发展情况。总结性评价是教师在课程思政教学阶段性任务完结后，通过客观观测方式对学生思想政治素养方面的发展情况做出结论性的评价。过程性评价和总结性评价相结合，优缺互补，能较好地观测学生在思想政治素养方面的整体变化。

质化评价是通过观察、访谈、成果展示、实践活动记录等方式收集信息，作为课程思政实施效果的依据。量化评价主要是以结构性测验、问卷调查等数据统计分析的方式收集信息，作为评价依据。质化评价和量化评价相结合，能够充分地收集客观证据，使评价更为科学、准确。

集体评价是通过统一测试、调查等方式面向全体学生进行思想政治素养发展水平的评价，个案分析是对个人思想政治素养发展情况进行收集和评价的方法。二者结合，能做到点面兼顾。

总而言之，促进发展是学生评价的目的。基于课程思政的学生发展评价是课程思政实施效果的重要结论，相关主体应对评价结果进行合理解读，推动课程思政教学改革，从而推动学生思想政治素养的提升。

三是教师发展的评价。教师是课程思政建设的“主力军”，是课堂教学的主导者。2020 年，教育部印发的《高等学校课程思政建设指导纲要》指出，全面推进课程思政建设，教师是关键。要推动广大教师进一步强化育人意识，找准育人角度，提升育人能力，确保课程思政建设落地落实、见功见效。这对高校教师的教育理念提出了新的要求。

首先，高校教师要将立德树人作为个人教学实践的根本任务，树立崇高的使命感和责任感，着力做好“立什么德”“如何树人”这篇大文章。教师要深刻理解教育“为人民服务，为中国共产党治国理政服务，为巩固和发展中国特色社会主义制度服务，为改革开放和社会主义现代化建设服务”[①]的重要意义，认识到教育所具有的教化功能，形成为党和国家培养建设者和接班人的理念，并思考如何实现专业知识教授与核心价值观引领的融合。

其次，高校教师要深刻理解教育具有的前瞻性和未来性特点，积极调整心态，提振迎接未来挑战的勇气，培养学生把握未来机遇的意识和能力。具体来看，文科教师在继承传统、讲授知识之外，还应突出育人过程，推进课程思政的创造性转化和创新性发展。理工科教师应基于当前专业领域的发展状况，对未来的行业前景进行前瞻性展望，并以此为着眼点，注重为党和国家培养未来的科学家和科技人才。

再次，教师的教育教学应以学生为中心，充分认识到青年学生的思想特点，掌握青年学生的成长成才规律。一方面，帮助学生提升专业能力，使学生适应社会需要、胜任未来工作，助力学生实现个体的成功；另一方面，坚持教师主导和学生主体相结合，尊重学生的个性、兴趣、爱好，注重因材施教，充分挖掘学生的潜力，激发其进行创新创造的内生动力和探索未知的勇气，使学生得到知识、情感、意志、行动等的全方位发展。[②]

最后，在课程思政实施工作中，教师的综合素质、协同育人举措等均是在教育教学过程中得以体现的，因此，对教师发展的评价应充分体现过程性。过程性评价应关注教师在课程思政实施的各环节中呈现出来的态度、情感、技能以及实践智慧的生成，充分关照教师的主体价值与

① 习近平．高举中国特色社会主义伟大旗帜 为全面建设社会主义现代化国家而团结奋斗：在中国共产党第二十次全国代表大会上的报告[EB/OL].（2022-10-25）[2024-02-08].https://www.gov.cn/xinwen/2022-10/25/content_5721685.htm?eqid=8e9c952200069f9b00000004647ed0f1.

② 宗爱东．课程思政：一场深刻的改革[M].上海：上海人民出版社，2022：195-197.

创造性。基于课程思政的教师评价应以立德树人为中心，体现多元化；鼓励教师将工作重心放在教学与育人上，不过分强调科研成果；使用定量与定性相结合的方式，做到质与量的统一，促使教师担好学生健康成长指导者和引路人的责任，实现教学与育人的有机统一。①

值得注意的是，对教师发展的评价重在构建引导和激励的环境。要尊重教师主体地位，尊重教师的个性特点，体现人文关怀，切实将考核结果运用与教师个人发展目标相结合，将管理制度与激励机制相结合，将定量评价与定性评价相结合，真正激发教师投身课程思政的责任感和使命感，形成内驱动力，使他们成为先进思想文化的传播者、党执政的坚定支持者，学生健康成长的指导者和引路人。

① 戚静.高校课程思政协同创新研究[D].上海：上海师范大学，2020.

第三章　课程思政的方法

课程思政的方法是对课程思政“怎么做”的系统性考量。确保有效且高质量落实课程思政，除了高校思想政治工作的目标、定位要调整，高校思想政治工作还要进行方法论意义上的转变，即把思想政治工作贯穿教育教学全过程。①从理论层面来看，课程思政是在所有课程中纳入思想政治教育理念，是高校育人方式的创新；从实践维度而言，课程思政建设是一项长期性、系统性的工程，②需要不断探索落实路径。课程思政方法的选择与运用是理论与实践相结合的过程，既要做好理论转向，也要做好实践跟进，旨在兼顾务实和创新的基础上寻求课程思政落实的多元方法，采用科学的方法论，避免课程思政陷入“硬融入”和“表面化”的困境。

① 韩宪洲．课程思政：新时代中国特色社会主义高等教育的理论创新与实践创新[J]．中国高等教育，2020（22）：15-17．

② 孙广俊，李鸿晶，陆伟东．高校课程思政的价值蕴涵、育人优势与实践路径[J]．江苏高教，2021（9）：115-120．

第一节　课程思政方法的概念

课程思政的方法蕴藏着学校进行课程思政建设、教师进行课程思政教学的科学方法体系。理解、选择和运用课程思政方法的前提是要明确课程思政的方法不是纸上谈兵，需要在实践中总结经验，也没有统一的模式，要求在反思中不断创新。而且其发生场域不局限于课堂教学，方法要能够带来大范围的辐射作用。所以，如何理解课程思政的方法，需要人们对课程思政方法的内涵、主要意义以及方法的选择与运用所要遵循的逻辑依据进行分析，这样才能更好地推进课程思政的有效实施。

一、课程思政方法的内涵分析

（一）方法是思政元素与课程内容融合的工具

方法作为课程思政教学活动达到目的的一种方式和途径，具有中介性质，它是全课程育人的一条隐线，连接思政元素与课程内容，促进两者之间的有效融合。需要注意的是，这种融合不是思政取代课程，也不是课程盲目挂靠思政，而是找寻两者之间的契合点，在课程教学中渗透思想政治教育倡导的科学精神、主流价值、思想精华等，促进课程内容与思政元素的相融相通，使各门课程皆起到培养学生的政治意识、价值立场和个人使命的作用，实现课程与思政共同育人的协同作用。可以理解为，课程思政方法的目的在于破除思想政治课程与学科课程之间的育人壁垒，连接思想政治与各门课程、融合理论知识与实际需要以及创新立德树人模式。综合来看，探索落实课程思政的有效路径，使所有的课程皆发挥立德树人的作用，寻找恰当的方法至关重要。

（二）方法是实现课程思政系统落地的依据

课程思政的有效落地是一项长周期持续践行的大工程，需要各方面做好准备工作，如学校层面的准备、教师层面的准备和学生层面的准备等，而这也意味着课程思政的方法并非凭空产生，至少需要做好以下三个方面的工作：一是分析学校提供的支持性条件和资源、教师具备的认知水平与实践能力以及学生对思想政治教育的认识与接受心理；二是方法要紧密贴合相关课程内容，符合立德树人的客观要求，尊重学生的学习和成长特征等，并能够根据现实情况实现方法的生成；三是方法在解决现实问题、提升学生思想道德水平方面还有一个重要前提，即方法本身应该是合规律的，一方面，方法要符合思政育人的目标和教育改革的理念，另一方面，方法必须内隐着某种规则和程序，引出课程思政的具体策略和科学秩序，提供一种稳定的机制，规范方法的边界，防止课程思政的方法陷入无序或泛娱乐化局面。所以，课程思政的方法需要保障课程思政在长期循序渐进地系统落实过程中有据可依。

（三）方法是课程思政有效实施的辩证参考

方法指向对思政元素与课程内容融合的科学解释和对教学活动的有效选择，以推进课程思政系统化落实。但需要明确的是，方法本身是辩证性的，因为课程思政落实得不理想并不是缺乏方法，可能是多种方法的杂乱、无系统或者是所选择的方法与现实问题和学生培养之间的不契合。因为方法带有一定的超验推理性，课程思政实施者在建构和选择方法时会在一定程度上预设课程思政活动。一方面，这种预设内含着客观存在的课程内容、思想政治的价值规律，另一方面，这种预设带有实施者的主观理解和偏好，同时，实施者的主观意图必然受他的专业背景、职业素养的影响，在某种程度上方法的选择和运用可能会脱离实际。所以，课程思政的方法不仅是非统一固定的，而且是一种动态性的存在，它因教师而异，因课程而异、因学生而异。人们要辩证地认识、理解和选择方法，只有认识到这一点，才能避免课程思政活动陷入机械主义和虚无主义。

二、课程思政方法的主要意义

（一）有助于检验教师的专业素养

教师是课程思政落实的主要践行者和责任人。课程思政方法的有效度影响着课程思政落实的质量，如思政要素与课程内容融合的程度以及对学生培养的效果。这意味着课程思政方法的选择和运用对教师本身提出了较高的要求，不仅要求教师拥有扎实的专业知识基础、正确的课程思政观和使命意识，① 还要具备创造性智慧和实践性能力。此外，其对教师的专业素养也提出了较高要求。一般来说，教师专业素养是个人态度、认知、知识、能力、水平的综合反映，也涉及对组织文化、架构、制度等方面的感知，是个人品质、能力与外部环境感知利用的综合。② 课程思政方法的建构与选择是一个综合多种因素，由教师运用多种能力孕育而成的过程。从此意义上来看，课程思政方法是检验教师专业素养的重要途径。

具体而言，课程思政方法可以检验教师自身的道德品质，课程思政方法建构和落实的前提是教师要具有良好的思想政治觉悟，能在课程思政教学中带领学生形成科学的世界观、人生观和价值观，促进学生内在品质的形成；课程思政方法可以检验教师的知识基础，知识基础作为教师开展课程思政教学的前提，包括学科课程知识、思政知识和多学科综合知识等，影响着教师对课程思政内容的加工和学生对课程思政的理解；课程思政方法可以检验教师的专业能力，如课程思政教学的组织、设计和反思能力，以及学习能力和研究能力等，较强的专业能力是教师能够

① 侯丹娟．高校课程思政建设研究 [M]. 北京：中国经济出版社，2023：156.

② 陆晓雨，王铭，王名扬．新时代我国高校青年体育教师专业素养模型构建与提升策略 [J]. 天津体育学院学报，2023，38（4）：391-398.

胜任课程思政教学工作的重要指标。由此可以看出，课程思政的方法能反映出教师对课程思政落实的方法制定能力、实施能力、调控能力和反思能力等，也能体现出教师对思政育人的坚守与职业信念的认同。教师可以以此为参照，加强理论学习、提升政治意识、挖掘思政资源、改进育人方式、提高教学质量。

（二）有利于深入挖掘课程育人资源

课程思政方法是一个综合体系，它涵盖对相关资源的挖掘过程，常见的是素材性资源和条件性资源，如知识技能、工具媒介、环境氛围、情感态度等，作用在于保障课程思政教学的有效实施。因为方法本身具有较强的针对性和目的性，例如，案例教学法是让学生在具体的案例中接受相关主题的思想政治教育，实践锻炼法旨在让学生走出课堂，在直接经验中体验思想政治教育，而这些方法并不是静态的机械呈现，而是需要真正切入育人主题，挖掘整理相关资源，如书本中的理论性知识资源、生活中的经验性知识资源以及与育人主题相关的其他资源等，并且需要注意的是，这些资源在方法具体实施的过程中还可以再次带动相关资源的生成。所以，课程思政方法的选择与运用的过程中必然伴随着对课程资源和思政资源的挖掘，选择适切的课程思政方法将有助于深入挖掘课程育人资源。

上述观点可以进一步理解为，首先，科学的课程思政方法有助于挖掘不同的资源。课程思政虽然是一条隐形的育人路线，但是一个综合性工程，其落实不仅要跨越普通课程与思政课程之间的界限，还要打破孤立的学科边界，这意味着在这个过程中有丰富的资源可以挖掘，而方法可辅助教师将课程资源挖掘的意识转化为具体的职业技能。其次，有效的课程思政方法可以促进课程资源之间的转化。挖掘多样化资源的目的在于整合资源，为课程思政育人的目的服务，如深入挖掘表层资源、继续拓展已有资源、促进隐性资源显性化等。最后，综合的课程思政方法能够跨场域实现育人实效。课程思政的落实不局限课堂这一单一场域，而课程思政的资源也远非校内资源，转变方法视角可以寻找校外资源载体，如重要社会事件、古建筑遗址、地域文化等。概言之，课程思政的资源多种多样，并且具有历史性与时代性，资源的浅层挖掘与简单相加并不能有效激发资源的应有价值，探寻恰当的课程思政方法将有助于资源的深度挖掘与有效运用。

（三）有益于引导学生进行自我教育

课程思政方法建构和运用的重要依据是方法本身要起教育性作用，即让学生感知教育内容的价值，认识内容对自我、他人和社会的作用，提高价值认同并尝试将所学运用于实践。雅斯贝尔斯（K.T.Jaspers）曾指出，大学的一项重要任务是教育与培养，把教育从教学中抽离出来，已经不是教育本身了，[①] 因为脱离了现实、脱离了对学生的精神教育，则会陷入知识、技能至上的理性囹圄，很难发挥教育对学生的培养作用。日常的教学活动便要起教育性作用，但是这个过程是漫长的，在漫长的课程思政落实的过程，其目标的达成就表现为学校教育过程和学生自我教育过程，而这特别需要恰当的课程思政方法予以加持。

实现学生的自我教育是课程思政的重要目标，也是助推学生持续良性发展的关键路径。一方面，自我教育表现为学生思想政治意识与能力养成的自觉性。因为自我教育是用某些尺度来比较和衡量自己，[②] 有意识地把自己培养成自己所期望的某种人的活动。[③] 例如，在课程思政中纳入对历史人物的分析，那么这些人物的奋斗历程和精神意志可作为学生认识自我和评估自我的参照，可以于无形中影响学生的情感态度和精神意志；另一方面，自我教育体现为学生对他人和社会的服务与贡献意识。

---

① 雅斯贝尔斯．什么是教育[M].邹进，译．北京：生活·读书·新知三联书店，1991：149.

② 苏霍姆林斯基．少年的教育和自我教育[M].姜励群，吴福生，张谓成，等译．北京：北京出版社，1984：104.

③ 傅增文．高中生自我教育[M].北京：中国社会出版社，2000：12.

苏霍姆林斯基认为，学生的精神生活里还有一个能明显体现自我教育的领域，那就是对别人的关心和贡献，[①]在课程思政活动中，学生能意识到自我可能对他人和社会具有的贡献，如在培育和践行社会主义核心价值观的课程活动中，引导学生将自我与社会、国家融为一体，帮助学生深刻理解相关精神，提升贡献意识，自觉积累贡献能力。总之，良好的课程思政方法起着引领和熏陶的作用，能带领学生对有关思想政治内容进行过程性认识，在潜移默化中促进学生对知识、情感、理性和美德的习得，帮助处于新时代的大学生提升修身、修己的意识和服务社会的责任感，实现学生的健康成长。

三、课程思政方法的选择依据

课程思政的方法是一个综合且复杂的体系，其选择与运用涉及多种因素，主要可以分为课程、学生、教师和学校。

（一）课程依据

在对影响学习的诸多因素的元分析中，马扎诺（R.J.Marzano）发现，在学校层面，影响学生成就的最重要的因素是“有保证且可行的课程”[②]。课程思政的内容需要方法的诠释，而方法的选择需要依课程内容和思政元素而定，两者融合渗透，才能发挥不同课程的专业性和育人性。但是，两者的融合渗透并不是将课程元素僵硬植入，每一门课程都承担着思想政治教育的作用，如公共基础课程、专业教育课程和实践类课程等皆充当着不同的载体。2017 年 12 月，教育部印发《高校思想政治工作质量提升工程实施纲要》，将课程列为“十大”育人体系之一，大力推动以“课程思政”为目标的课堂教学改革，优化课程设置，修订专业教材，完

① 苏霍姆林斯基．少年的教育和自我教育[M].姜励群，吴福生，张谓成，等译．北京：北京出版社，1984：107.

② 贝兰卡，勃兰特.21 世纪学习的愿景[M].安桂清，译．上海：华东师范大学出版社，2020：108.

善教学设计，加强教学管理，梳理各门专业课程所蕴含的思想政治教育元素和所承载的思想政治教育功能，融入课堂教学各环节，实现思想政治教育与知识体系教育的有机统一[①]。将思想政治内容在具体的课程中落实，需要因课制宜，根据各类课程的内容，立足课程特点，找寻与之契合的思政元素，进而选择恰当的方法。例如，体育类课程可以通过参加体育竞赛、观看优秀运动员比赛等，让学生体验并感受体育精神和价值，培养和发展学生的积极心理品质。故课程思政方法的选择需要以课程为依据，在课程学习中提升学生专业知识和技能并进行价值引领，实现"增能"与"育人"相统一。

（二）学生依据

《高等学校课程思政建设指导纲要》明确指出课程思政建设工作要围绕全面提高人才培养能力这个核心点。学生是课程思政培育的对象，那么课程思政方法的探索则离不开对学生的考量。首先，要结合学生的心理认知。高校大学生处在青少年和成年早期的过渡阶段，这一时期的个体处于同一性混乱，他们在热烈地追求可以信仰的人和观念的同时，很容易陷入对不良事物的追求，例如，在青年思想教育实践中，逆反心理是一种常见的心理现象，它严重妨碍了教育者和青年的心理沟通。[②]课程思政承担着"立德树人"的根本任务，方法的选择应该充分考虑学生的心理特征，加强正面引导，防止学生对自我的认同陷入迷茫或消极状态。其次，要结合学生的现实需求。学生是未来国家和社会建设的主力军，课程思政教育需要考虑学生自身的需求，如对自我能力的定位和对职业的规划，将学生当下发展的不足以及学生的期待纳入进来，选择学

---

① 中共教育部党组印发《高校思想政治工作质量提升工程实施纲要》[EB/OL].（2017-12-06）[2023-07-28].http://www.moe.gov.cn/srcsite/A12/s7060/201712/t20171206_320698.html.

② 李晓，邹波．青年心理特点和思想教育工作[J]. 当代青年研究，1999（4）：21-25.

生感兴趣的方法，在教育活动中纳入思政元素，避免陷入盲目灌输的窠臼。最后，要充分调动学生的主体性。只有调动学生的主体性，才能不断激发学生的内在力量，发挥课程思政教育的深层价值，促进学生坚定理想理念和人生方向，使学校教育发挥更长远的作用。

（三）教师依据

全面推进课程思政建设，教师是关键[①]，教师是落实课程思政的第一践行人与主要责任体。课程思政的提出意味着对学生的思想政治教育不再局限于思想政治课程，而是在全部课程中实现知识传授与价值塑造的统一，这便意味着教师皆要参与。那么课程思政方法的建构则需要考虑教师层面的因素，以保障方法选择的科学性和落实的有效性。例如，结合教师既有的教学方法。教师拥有较固定的教学方法，而思政元素融入课程给教师的教学带来了一定的挑战，需要教学方法的更新与变革，对此，教师可以选择在既有方法的基础上进行逐步创新，防止出现新旧教学完全割裂的问题。同时，方法的选择需要与教师的教学风格和专业水平相匹配，一些教师可以深入浅出地将思政元素融入教育活动，而一些教师存在将思政与课程进行僵硬融合之嫌，所以方法的建构不在于追求“新”与“异”，而在于真正地促使课程育人。而且，课程思政的方法不存在统一方法，故需要教师根据自身的实际情况，锤炼方法，依据学科特征，发挥自身的专业优势，将抽象的内容具体化。另外，需要指出的是，教师层面的依据必须具备更基础的前提，即教师自身要有坚定的政治信仰，教师的专业知识能力、教学管理能力以及科学研究能力等并不能代表教师课程思政建设的意识与水平，所以将教师的政治信仰考虑进来尤为必要，理念上自觉才能促进方法的有效。

---

① 中共教育部党组印发《高校思想政治工作质量提升工程实施纲要》[EB/OL].（2017-12-06）[2023-07-28].http://www.moe.gov.cn/srcsite/A12/s7060/201712/t20171206_320698.html.

（四）校本依据

课程思政是高等教育理念的重大革新，也是学校层面课程建设的一次变革，所有的课程皆要围绕立德树人的任务，即全员育人、全方位育人。“因校制宜”是实现课程思政大面积且良性落实的依据，因为每个学校有其专业见长和兼具地方特色的学校文化，内含着学校关于课程思政的整体规划以及其独有的优势和不足，是对课程思政的“本土化”诠释，更加聚焦课程育人的功能定位，落实课程思政需要耕好学校这片沃土。以学校为整体探索本校课程思政的发展道路，提升课程思政落实的协同度。在结合学校特色方面，如师范类学校，要围绕师范专业人才培养的根本问题，在课程建设中加强对未来教师的师德培养，以案例法、教育见习法等锤炼学生的品格，为社会培养更多的有理想信念、有道德情操、有扎实学识、有仁爱之心的“四有”好老师；在结合地域特色方面，如探寻旅游专业类课程思政的方法时，可以融入学校所在地的地域文化，借助当地的旅游特色，以实践学习的方式，让学生体验并感受当地的自然、历史、人文所蕴藏的精神与价值意义。课程思政方法的探索并不是闭门造车，教师在落实课程思政的过程中可以结合学校特点，打造以校本为底色的方法体系，促进课程思政的内生性发展，源源不断地赋予课程思政生命力。

四、课程思政方法的运用逻辑

课程思政的方法是破解思政融入课程壁垒的关键，要看到方法的成效，不仅要有方法选择的依据，还需要在方法运用时遵循以下逻辑。

（一）在实践探索中不断更新

课程思政的方法至少由理论建构与实践试误两个维度组成，一方面，保障方法的科学性和有效性，另一方面，实现方法的灵活性与适切性。课程思政的管理者和实施者在勾画课程思政方法的美好蓝图时，需要在实践中明确其运作机理，即保持课程思政方法的更新。因为从课程思政的长远建设来看，方法具有不固定性和非统一性，会在教学实践中产生变化，这种变化包括对旧方法的摒弃与变革、新方法的建构和落实，而方法的变化因课程内容、思政元素、教师和学生等而异。由此可见，方法的更新实质上是课程思政活动本身在实践和反思中不断改进，以确保课程思政在动态中寻求科学化、稳定性和深入化的建设与发展。

（二）在变革更新中保持理性

一般而言，对课程思政方法的探索旨在使晦涩难懂的理念具象化呈现，以促进学生更好地理解与内化相关的理想信念与时代责任，在选择方法时应该坚持方法的价值旨归，即方法的运用需要发挥思政元素的育人作用，而不是为了完成课程思政的教学任务而选择花哨或单一的方法，如整堂课播放电影视频，缺乏与学生之间的互动和对学生主体性的调动，这样的表层活动只是追求形式，不能充分调动学生的参与度，思政元素的内涵也不能被深入挖掘，无法唤醒学生的情感体验。所以方法在运用的过程中应该葆有理性限度，运用恰当的方法将思政内容有机融入课程学习中，防止为迎合学生的兴趣而使课程思政陷入泛娱乐化，这也是方法与课程思政形成协同互促的关键。

（三）在调整中实现生态共融

课程思政的方法在于辅助教学，避免课程思政教学走向知识灌输模式。课程思政的方法与课程思政的目标、内容、对象以及环境之间是共生的关系，在此关系中，方法是一个黏合剂，如果没有相匹配的方法，那么课程思政的目标则很难有效落实；如果方法的原则没有考虑到课程内容、学生需求、教师水平和现实问题，那么课程思政的方法在运用时则会受阻，不能达到理想效果；如果方法缺乏可以运作的环境，比如学校未将课程思政纳入学校工作中心，智育与德育依然分离，那么课程思政的方法则处于悬置状态。所以对课程思政方法的选择与调整需要遵循生态原则，需要影响课程思政的多种因素同频发力，由此形成一个适于方法运作的良性生态系统，这样才能使思政内容伴随着方法的运作渗入学生的认知与行动之中，使学生的思想真正得到涵养。

（四）在启发中增进学生自觉

课程思政的一个重要目标是超越人才培养的实用主义、理性主义、要素主义之争，深入挖掘和开发所有课程的育德功能，在学生的专业知识之外形成综合素养，形成特定的价值观、方法论与思维方式，使学生能够综合运用各类知识解读精深的专业问题、审视复杂的社会现象，以思想的深度做好知识与价值之间的协调，以深度的思想修养站稳家国立场，[①] 为国家和社会培养时代新人。所以课程思政发挥的价值意义是长远性的，能够使学生在未来的学习和生活中自觉加强思想修养、提高政治觉悟和行为自觉，成长为有理想、有本领、有担当的新时代青年。在此意义上，课程思政方法的具体运用过程必须遵循启发性逻辑，帮助学生形成积极的思政学习观，让学生做到知行合一，避免修身与增能之间的相互掣肘。

第二节　课程思政方法的特点

课程思政建设工作要围绕全面提高人才培养能力这个核心点，推进习近平新时代中国特色社会主义思想进教材、进课堂、进头脑，培育和践行社会主义核心价值观，加强中华优秀传统文化教育，深入开展宪法法治教育，深化职业理想和职业道德教育。课程思政建设目标的实现是一项任重道远的任务，需要在明确课程思政的方法服务的对象以及追求

① 徐蓉.深刻认识全面推进高校课程思政建设的价值目标[J].马克思主义与现实，2020（5）：176-182.

的价值意义的基础上进一步思考课程思政方法的特点，以保障课程思政的有效落实。

一、中介性

课程思政方法的建构和有效运用的前提是正确定位方法的角色和作用，方法作为课程思政落实的中介，不仅连接课程和思政元素、理论知识和生活实践，还连接着教师和学生。方法的运作是一个聚合课程内容与思政元素的过程，在很大程度上影响着思政元素的深刻内涵能否被挖掘，课程能否起到育人功能。所以课程思政方法的运用并不是随心所欲的，需要扮演好中介角色。首先，中介性体现在方法的适切度方面。方法要立足课程特点，将思政元素渗入课程学习的各个环节，实现德智融通；其次，中介性还表现为方法的能动性。这意味着方法是一种“活”的存在，即根据育人目标，在不同的课程环节变换方法，使学科德育充分落实；最后，中介性又呈现出方法的双重性。方法作为一种中介工具，既是一种物质工具，也是一种精神工具，它可以是可视化的，也可以是隐形的、直接观察不到的，但是却能实实在在地发挥作用，最终成为课程思政落实的内在驱动，使课程思政起到对学生的价值引领作用。这才是方法本身所追求的真正要义。

二、求真性

求真性即实事求是，综合考虑各种现实因素，方法的运用应做到因课制宜、因师制宜以及因生制宜，不主观设想，不盲目模仿，以保障课程思政的效果。因为课程思政方法的运用是有效落实课程思政的基础工作和促进工作，方法本身既要有“远大抱负”，更要“脚踏实地”，即根据实际情况纳入思政要素，明确与课程内容相关的思政要素是什么？本次课程思政的育人目标是什么？以及对课程思政的评价，即在学生身上体现出的关于思政目标的达成度如何？所以教师要深刻认识到，课程思政的意涵并不是呈现大量的思政内容，而是将思政因子融入课程，内化于学生的认知与行为之中，这是课程思政的开发对“高举信仰旗帜和贴近现实生活相统一原则”[①]的遵循，也是避免对课程评价陷入功利化的关键。总之，明确课程思政方法的求真性，旨在避免在方法选择和运用过程中走向形而上学，与课程内容、实际问题、育人目标以及学生需求脱轨。

三、多元性

大学课程种类繁多，包罗万象，各类课程有其自身的特点，所能融合的思政元素也不同，一门课程的方法可能并不适合其他课程，所以方法会因课而异，这一点构成了课程思政方法的多元性。寻求课程思政方法的目的之一便是为课程思政的建设添砖加瓦，保障方法与课程之间的内在联系。对此，教师可以在课程的授课方法、学生的实践方法、评价方法上面做文章，例如，一些专业适于追溯历史渊源，一些专业可以与社会热点相联系，那么在挖掘课程思政资源时可以纳入多种方法，多种方法之间的协同融合可以让学生在学习专业课知识的同时加深对专业的认识以及对自我责任的明晰。另外，技术的迭代更新对教育产生了一定的辅助作用，教师应该积极探寻新技术下的课程思政方法，将人工智能等新媒体技术嵌入教学，所以找寻落实课程思政多元性的方法在于实现课程、思政元素、学生、职业、社会发展之间的有机联系，以方法的多元性为支撑，建构各门课程共同育人的局面。

四、实效性

实效性即课程思政方法的实施效果。一方面，实效性表现为能够有

① 李红霞，邓文钱，滕培圣，等．高校课程思政：共识、设计与实践[M]．北京：清华大学出版社，2021：174.

效激活各门课程的思政功能。实效性是各门课程彰显专业担当的关键，除思想政治课之外，其他课程扮演着促进学生思想政治素养提升的隐形角色，需要教师在教学过程中选择合适的方法渗透思政元素，保障学生的专业知识和技能素养皆得到提升与发展。尤其在学生不感兴趣的课程上，教师更要探索科学有效的方法，在激活课程内容的同时帮助学生对课程所内含的价值进行透彻理解，促进长期效应的形成。另一方面，实效性表现为思想政治教育目标在学生身上的达成度。实效性并非时效性，因为课程思政的教学效果可能具有滞后性，所以在探索课程思政落实方法时不可盲目追求“看得见”的效果，否则很容易陷入功利至上的误区，目标的达成度是过程性和综合性的，需要真正地起到启迪学生思想、引导学生行为的作用。所以落实课程思政方法的特点必须具有实效性，以检验专业知识教育和思想政治教育的双重效果。

五、情境性

生硬的说教很难将思想政治教育融入课程之中，有时候还可能带来适得其反的结果，如思政内容缺少抓点、教学活动空洞无力，容易触发学生的逆反心理，使他们失去对相关课程的兴趣。课程思政实施的效果如何，与教学情境密切相关，[①] 为避免泛泛而论带来的问题，教师需要运用专业的教学方法营造有利的教学情境，故情境性是课程思政方法的又一重要特点。当下，课堂依然是课程思政发生的主要场域，因为多数课程知识的学习在前期主要依赖课堂教学，但是课堂教学不是静态的，而是动态、互动的，如何在课堂中发挥情景教学的作用，需要教师主动设计并营造真实活动情境或虚拟案例情境。杜威（Dewey）的经验主义思想揭示了情境对学生学习的重要性，建构恰当的课程思政方法可以使课

① 谢桂新，陈伟．教育学类专业课程思政教学评价略探 [J]. 学校党建与思想教育，2022（19）：71-74.

堂教学为学生提供一种检验经验和改组经验的情境。在此情境中，课程思政的方法既具有预设性，也具有生成性。故有效促进学生的沉浸式体验要求课程思政的方法要具备情境性特点，即根据特定的情境预设或生成相应的方法，以使课程内容与思政有效融合，建立与学生之间的有机联系。

六、反思性

要实现各门课程全程育人的目标，课程思政方法的建构不能一劳永逸。教师要根据教学效果反思方法的可行性、适切性和有效性，而且方法运用的熟练与否，以及是否具有实效，也在侧面反映出教师本身对课程思政的胜任情况，故课程思政的方法应该具有反思性特征。反思代表着互动与生成，因为方法不仅是工具和手段，它承载着相关态度、精神和价值观，是一种无声的语言。故方法的选择与运用要与课程、学生和思政要素互动，教师要在互动中思考如何破解课程思政实践中的困境，并将其纳入新的思政内容，保持课程思政教学的与时俱进。不难发现，落实课程思政的过程中，存在一些思政内容碎片化、课程与思政融通的非连贯性等问题。对此，教师要想根据具体的课程以及课程蕴含的思政要素明确方法的价值目标与功能定位，以更好地回应学生所要具备的思想道德能力，必须在深刻反思的基础上建构实践课程思政有效的方法逻辑，不断对方法进行监督评价，在反思的基础上进行超越。反思性的关键在于方法的创新，当下较严重的问题是课程思政方法的创新度不够，无法将思政要素与课程内容进行有效融合，所以需要加强方法的反思性，以促进课程思政方法的目标达成。

七、进阶性

方法本身是一个不断生成的过程，方法的进阶性是指教师在不断地实践和改进的过程中提升方法的有效性，因为思政元素与课程内容的融合是一个循序渐进的过程，如可能需要经历难融合、硬融合、浅层融合以及深度融合的过程，在此过程中，课程思政方法本身具有变动性，而这个变动的过程主要指向在提升方法有效度方面的一个螺旋上升的过程，例如，根据教学效果和学生的反馈对课程思政的方法进行反思和改进，同时教师要不断学习，进行相关理论更新和思政资源更新，并在不断的实践和积累中，不断探索和创新，形成个性化的课程思政的教学方法。方法的进阶性所具备的效用不局限于学生的发展，而是立德树人工作的整体提升。所以从更长远的目标来看，课程思政方法的进阶过程是一个增强教师对课程思政价值认同的过程，是一个保障课程思政不断深度落实的过程，是一个实现自觉立德树人的过程。

第三节　课程思政实施的典型方法

课程思政的方法多样且综合，在具体建构、选择和实施的过程中可能会因课程内容、教师和学生而异。而且，方法的选择与应用需要适度，不可操之过急。方法实施的一个重要目的在于找到课程与思政之间的有效连接点，以精准提炼各门课程中蕴含的思政元素，形成科学的方法体系。另外，方法实施的本质在于辅助课程思政的有效落实，实现全课程育人，所以教师在选择和运用课程思政方法的时候应该杜绝“方法至上”意识，避免课程思政过程中的本末倒置。基于此，本书提出了课程思政的一些典型方法，以供启鉴。

一、潜移默化法

潜移默化法是在教育活动中以隐形的、循序渐进的方式实现对学生的道德熏陶。发挥课程思政本身的浸润性作用，具体指在教育活动中将思政元素隐藏于课程目标、教学过程和学习评价等过程之中。这是思政由嵌入课程走向融合课程的关键路径。具体而言，潜移默化法的作用主要表现为以下几个方面。

一是潜移默化法强调感染熏陶。潜移默化法的最大特点在于浸润，它不是将大量的思政内容以灌输的方式强硬地塞入学生的头脑中，而是将灌输教育转变为渗透教育，育德于课程设计、教学活动的每个环节，发挥各门课程的育人功能，在无形中对学生进行思想引领。如历史类专业课程，历史本身具有不可复刻性，但它作为一种不断增加的资源，记载着人类发展的历程，如何增强学生的史学修养和文化自觉，识别并熟记历史事件只是知识增叠，帮助学生以史明志，以史为镜，则需要将历史中优秀的人类智慧结晶，如价值观、精神实质融入课程活动之中。例如，在学习我国的教育史时，可以利用转折性事件、关键人物，增强学生对相关思想渊源以及理论生成的理解，引导学生深刻理解历史意蕴，更好地体现中华优秀传统文化中的思想精华。

二是潜移默化法致力育人无声。落实课程思政的关键需要摆脱学生比较排斥的耳提面命的说教，潜移默化法在于发挥课程思政的潜隐性，致力育人无声。具体而言，潜移默化法主要强调打造德育氛围和环境，刺激学生的思维感知、提升情感认同，促使学生自觉坚守新时代青年的理想信念。例如，美术类专业课程，美术类专业课程教师在进行课程思政教学中可以利用数字技术开启学生的感官体验，进行潜移默化的美育熏陶，引导学生具备正确的审美观、提升审美意识、增强审美能力并激活对美的创新能力，以实现美育本身的怡情养性作用。

三是潜移默化法追求厚积增值。课程思政的目的是立德树人，采用潜移默化法将思想政治教育融入各门课程，可能不会起到立竿见影的效果，但却是一个不断累积的过程。因为课程思政要提升学生的道德感知、审美情操以及责任意识，需要方法的无声示范和引领作用，以提高学生由知化行的能力，将良好的情感态度、积极的审美情趣、坚韧的责任意志内化于具体的生活实践和工作之中。如在生物专业课程中，教师可以通过引用精选文献，介绍我国生物领域的科学家，潜移默化、润物无声地使学生产生人生感悟，培养学生成为有理想信念、敢于担当的时代新人和科学新人。

二、因势利导法

因势利导法是在基于学生需求、课程内容和社会背景的基础上对学生在政治认同、道德修养等方面的引领。因势利导法的目的在于在落实课程思政的过程中更好地理解和满足学生的学习需求，利用适切的资源和契机个性化支持和指导学生的学习过程，激发学生的主动参与意识。因势利导法的运用主要体现在以下几个方面。

其一，兼顾学生能力和学习需求。学生作为鲜活的个体，有其特殊的知识背景与成长阅历，对事物的认知与辩解能力存在参差，另外，面对日益发展的社会，学生亦有自己的职业规划和学习目标。一些学生可能容易受外界影响，在对某些事情的处理上不能明辨是非。若对青年大学生的各种错误思想和做法放任不管肯定是不对的，而采取强硬的“堵”的办法也是不可取的。[①]故教师在课程中对学生进行思想政治教育需要因势利导法，在支持学生学习需求的同时，考虑到学生的认知水平、专业技能水平等因素，为学生的学习与成长提供适当的引导。利用因势利导法落实课程思政的前提是教师需要充分了解学生，了解学生的学习特点、能力水平以及兴趣爱好等，立足学生视角看问题，关注学生的情感和心理需求，做好疏通引导工作，以形成对问题的转化与化解机制。

其二，融通课程内容和社会背景。课程思政不能在真空中进行，思

① 张继平．因势利导：思想政治工作的辩证法[J]. 山西财经大学学报，1998(S1)：140.

政元素融入课程是一个动态过程，此过程强调课程思政教学不能孤立进行，需要与社会融通。当下社会发展迅猛，大学生的日常学习生活被便捷的工具和迅捷的信息充斥，智能化设备更成为学生获取信息的“垄断性”载体。一些学生容易受网络舆论影响，对某些问题或观点产生偏颇认知。这意味着课程思政教学需要密切关注当下社会可能给学生成长带来的风险。故课程思政的因势利导法则需要发挥这样一种作用，紧密结合时代特征，将时代中出现的新的思政元素和可能存在的风险以及潜在问题纳入具体的课程活动之中，及时对学生做好思想政治引领，防止大学生在学习和成长过程中出现思想和行为层面的问题。例如，在《药理学》思政教学过程中，将法治观念纳入学习内容，让学生明白吗啡等特殊药品具有双重性，如果使用不当，药品将变为毒品。进一步结合现代药品、毒品的发展态势，帮助学生提高对毒品的警惕性，洁身自爱。①

其三，统筹评价反馈和教学反思。因势利导法需要教师对学生开展定时评价并进行恰当反馈，以检验课程思政的落实效度。将思想政治融入各门课程，可增强教育活动的教化作用，教化作用是否达到，需要教师对学生的学习效果进行评价。首先，教师不能以卷面成绩进行直接评价，需要将评价目标落实于学生具体的学习和生活中，使评价目标具象化，如学生对待问题的态度和问题的处理能力，日常学习的积极性和投入情况，以及对他人、社会和国家的关注度和责任意识；其次，教师可根据评价结果对学生提供反馈，当检验课程思政对学生进行价值引领与精神塑造的达成效度后，教师应将检验结果及时告知学生，让学生意识到自己的某些言论和行为选择存在的问题；最后，教师需要对自己的教学活动进行不断反思，教师应根据学生的现实情况，设计启发性的学习活动，创新教学模式，调整教学设计。同时，教师要加强自身的学习，

① 程仕伟，张兴晓，王全文．高校“课程思政”育人探索与实践[M].烟台：黄海数字出版社，2021：67.

提升自己的教学能力和职业信念，进一步深化学生的思想政治教育。

三、榜样引领法

榜样引领法是以相关榜样人物来激励和引导学生的思想和行为，如榜样人物的精神、意志等，是学生思想品德养成的重要参照。以相关榜样人物的典型案例来激励学生，可以帮助学生树立前进与成长的目标。榜样引领法的作用机理表现为两方面。

一方面，提供精神鼓舞，帮助学生树立正确的目标。班杜拉（Banduca）认为，以榜样为中介的替代性经验对个体效能的提升具有一定的影响，当个体观察到他人成功完成某件事情时，会产生某种暗示，对自我的能力做出判断，他人的成功经验可以提高观察者的效能信念，尤其是在对某一项活动缺乏经验以及缺乏对自己能力的了解时，他人经验的作用会更加明显。[①]因此，榜样示范在提高学生学习效能方面具有重要作用。在课程思政教学中采用榜样引领法可以为学生提供目标标准，使学生不断朝向目标前进，此过程也是一个提升学生自我效能的途径，因为有效的榜样教育可以指导并促进自我发展。

另一方面，提供反思标准，启发学生自我省察。对榜样的习得并不是流于外表的印象，而是一个自我——模仿——行为的构建，是一个具有差异性、特殊个体性和创造性的构成。[②]也就是说，来自榜样的支持会使学生在趋向榜样的过程中进行自我更新，榜样本身带有一种激励价值，能使学生产生向榜样看齐的冲动，而向榜样“看齐”的过程中，则蕴藏着学生对自我的反思。因为榜样为学生提供了一个作为“旁观者”的机会，如教师在相关专业课程的思政教学中引入当下为国家建设作出突出

① 班杜拉．自我效能：控制的实施：上［M］．缪小春，李凌，井世洁，等译．上海：华东师范大学出版社，2003：125.

② 武尔夫．人的图像：想象、表演与文化［M］．陈红燕，译．上海：华东师范大学出版社，2018：254-256.

贡献的个体或团队，带领学生解读他们的态度、能力、精神抱负，可以帮助学生看到自我与本专业领域榜样之间的差距，激发学生“心向往之”的内心情感，有助于学生进一步明确自我学习的规划，以及学会如何在以后的学习中调整学习目标，坚定职业信念，将所学真正用于生活实践。

那么如何借助榜样引领法落实课程思政呢？一方面，教师可以组织学生讨论和反思榜样的特征和优点，通过讨论和反思，加深学生对榜样的理解和认同。另一方面，教师可以为学生提供模仿和实践的机会，让他们通过模仿榜样的具体行为，逐渐培养自己的能力和品质。例如，教师可以借助小组活动、实践项目等形式，让学生身临其境地体验和实践。然后及时给予学生认可和奖励，鼓励他们模仿和学习榜样的表现，并且通过表扬、奖励或其他形式，激励学生继续努力。

四、专题嵌入法

专题嵌入法是借助实际问题、专题项目等有针对性地对学生进行思想政治方面的引导。具体来说，专题嵌入法可以从以下几个方面进行呈现。

其一，学科融合，锻造综合性思维。一般来说，某个问题通常涉及多个学科背景，从单一学科出发，难以深入全面揭示问题的本质，而且也会使问题的解决策略带有一定的局限性，故融合各学科的功能属性，有助于拓宽学生思考问题的视野，锻造问题解决的综合性思维。例如，在教育学类课程中，如何引导小学教育专业的学生理性看待“学生的犯错行为和教师的教育惩戒做法”，这一问题不仅涉及教育类知识，同时与管理学和法学相贯通，故教师可以融合多学科知识，以“犯错与惩戒”为专题进行探讨，并进一步将探讨的权力下放至学生，鼓励学生进行案例分析或者情景模拟，这样不仅可以锻炼学生搜集相关资料并建构问题处理和解决方法的能力，同时可以帮助学生拓宽思考问题的角度，引导学生在今后的教育工作中善于从更广泛的视角看待问题，进而尝试寻求问题的最优解。

其二，主题研讨，发挥共同体作用。专题嵌入法的目的在于在聚焦问题的基础上发散问题，这一过程需要学生积极参与。佐藤学曾指出，课程的内容基于两个原理编制，一个是以学科为单位编制，另一个以特定主题为中心综合地组织多学科内容来编制。[①]课程思政的主题研讨法是以学科内容为基础，以现实问题为对象，来建构相关主题，而主题研讨的方式是要发挥学生的主体作用，学生以小组为单位完成对主体的自由选择，在对主题探讨的过程中进行分工协作，对主题涉及的内容与问题进行研究讨论。如在经济学类课程思政中，面对“经济危机”或“贪污腐败”这类问题时，可以借助小组讨论，发挥群体智慧。另外还可以通过鼓励学生自由选题，加强学生对问题的体悟，培养学生查询资料和积极思考的能力。

其三，项目式学习，开展探究性活动。项目式学习的目标必须是真实的、探索性的和可实施的，而不是如教科书中所附的思考题一样仅仅用来启发思考的。[②]项目式学习的关键在于实操，即把静态、抽象的理论知识融于具体实践中，让学生通过亲身实践，将理论知识应用于实际情境中，培养学生的实际操作能力和解决问题的能力。例如，在公共管理类专业课程思政教学中，面对“如何理解公共管理本身的价值”这一主题，教师可以鼓励学生对此展开探究，鼓励学生采用实地考察、街头访谈和情景模拟等方式，利用自己的实际经验，进行推理、归纳，形成对公共管理价值的理解，并以项目报告的形式进行呈现，帮助学生真正体会到自己所学专业对于社会的价值意义。

---

① 佐藤学．教育方法学[M]．于莉莉，译．北京：教育科学出版社，2022：34.

② 侯红霞．论项目式学习及其在高校思想政治理论课教学中的应用[J]．思想教育研究，2021（11）：103-107.

五、情感陶冶法

情感陶冶法是指把情感纳入课程思政的教学过程中，发挥情感因素的积极作用，加强学生的情感体验，增强学生的情感投入。情感陶冶法的目的在于实现“知情互促”，增强课程思政的教学效果。情感陶冶法的主要作用可以归纳为以下几个方面。

第一，加强学生情感体验，激发价值共鸣。学生在学习中的情感体验影响着学习动机、知识信念和行为选择。在课程思政教学过程中，教师要善于营造情感氛围。我国“情感派”教学的代表人物于漪老师曾提倡“愉快教学”，注重激发学生的情感，例如，其认为在语文课程中“学生情弦被拨动，胸中充盈着民族自豪感，带情诵读，效果更好”[①]。情感陶冶法的应用，可以再现知识本身蕴含的情感价值，学生在深入理解和学习的过程中，积极的情感可以得到涵育。

第二，培养学生情感态度，坚定职业信念。情感陶冶法致力培养学生积极的情感倾向和态度，当今社会，情感冷漠问题频出，理性与情感不能二元对立，尤其是在对当代大学生的培养中，教师需要着重关注学生对学习和事物的兴趣、热情和专注度，这是学生整全人格和身心健康形成的关键。而且，学生的情感态度具有感染性和可转化性，如在对师范生的教育中，更应该加强情感教育，我国情感教育研究者朱小蔓曾提出“情感师范教育”[②]，对师范生情感的培养会影响其未来的教育行为。故将情感陶冶法纳入课程思政教学，有助于使积极的情感态度内化成学生在未来职业发展中的隐性情感符号，认同并热爱所学专业，形成职业信念，帮助学生坚定职业选择和职业追求。

第三，提升学生情感管理能力，增进社会互动。学生具有社会人的身份，他们的情感丰富多彩，但具有不稳定性。社会是个大熔炉，也是

① 于漪．兴趣是学习的推动[J]．语文学习，1985（3）：32-35.

② 朱小蔓．创建情感师范教育[J]．江苏高教，1994（3）：39-41.

情感生成与发展的载体，学生的情感容易受他人和社会不良事件的影响，如何明辨是非，坚定立场，做到情感理智，则需要教师帮助学生提升其自我情感管理的能力，这种能力既包括对他人情感的应对能力，也包括对自身情感的表达能力。情感管理的目的在于调整和管控情感，帮助学生识别情感背后的含义，形成积极的情感态度，建立良好的情感关系，促进自我情感素质的提升，更进一步来说，其有助于大学生在学习成长的过程中扮演好社会角色。

可见，情感陶冶法在课程思政教学中尤为重要，那么如何在课程思政教学中对学生进行情感熏陶呢？本书认为，可以从以下几个方面进行。

其一，建立良好师生关系。良好的师生关系是孕育积极情感的土壤，潜藏着平等、信任和教学相长。通过建立良好的师生关系，教师可以更好地关注学生的情感状态与情感需求，进一步有效地将学生的情感教育纳入课程之中。具体来说，首先，教师要破除教学中的教师话语权垄断现象，善做“无知者”，看到并挖掘学生自身蕴藏的思政资源；其次，教师要加强与学生之间的互动，教师要主动倾听学生的声音，积极采纳学生建议，让学生参与课程思政的建设；最后，教师要扮演好榜样角色，因为良好师生关系的前提是教师要在情感呈现和情感能力方面以身作则，教师要有责任感、社会使命感，才能感染学生。

其二，善于纳入真实事件。教师要通过实际发生的事件，带领学生贴近知识和问题本身，在对问题分析和研讨的过程中，带领学生体会事件参与者的情感，鼓励学生阐释自身对待事件的情感态度，并引导学生学会情感调控。

其三，关注学生特殊问题。新时代青年学生出生和成长于科技迅猛发展的互联网信息时代，作为“数媒土著”，一些青年学生的政治判断力不强、政治斗争能力欠缺，容易被带节奏，发表偏激、片面的观点，[①]情感认知与定位出现问题。还有一些学生存在一些心理层面的问题，如抑郁，严重影响学生情感判断与情感表现。因此，教师在运用情感陶冶法对学生进行思想政治教育时，需要考虑学生遇到的特殊问题，对症引导。

六、案例研究法

案例研究法是以具象的方式呈现学习内容，通过分析典型案例帮助学生深入体会相关主题或问题的意义与价值，帮助学生缩小理论与实践的距离，提升学生的感知能力和自觉意识。案例研究法可以是个案分析，也可以是多案例比较，但需要注意的是，它并不具备一个明确的行为指向，需要通过其他教学方法才能实施，[②]如在分析案例时可以纳入情感熏陶法和榜样引领法等。具体来说，案例研究法的方式以及需要注意的事项主要表现在以下几个方面。

借助案例分析法突出重难点。案例的作用在于以具象的方式呈现所要学习的内容，将理论知识与实际情境相结合，帮助学生理解相关重难点知识。21 世纪的大学生由于缺乏相关经验，对一些历史可能不是太了解，如师范生在学习我国基础教育改革的历程时，他们或许很难从理论知识中体验到我国基础教育改革的重要性，基于此，教师在教学中可以通过列举基础教育改革的典型案例，如“实施义务教育”“农村教师专业发展”“信息技术纳入课堂教学”等改革内容的相关案例，引导学生从所学专业出发，以专业性的视角审视问题，进一步地认识基础教育改革。课程思政教学可以借助案例研究法，从具体案例出发带领学生成为“当

① 邱海锋．新时代党对青年学生的政治引领：问题缘起、实践经验与发展方向 [J]. 福建师范大学学报（哲学社会科学版），2023（3）：22-30，80，167-168.

② 周序，刘周灵润．如何认识案例教学？——关于“案例教学法”提法的思考 [J]. 中国教育学刊，2020（4）：74-78.

局者”，深入分析相关知识和问题的背景、意义、动态历程、问题以及未来的发展。

鼓励学生对案例进行自主分析。案例研究法应该避免陷入“讲授法”的囹圄，因为现实中教师在利用案例研究法进行教学时，仅是简单地向学生呈现相关案例，以口述的形式向学生介绍完案例的内容，并没有真正发挥案例本身的作用，这种纯粹的灌输，使学生接收到的仅是静态知识，甚至可能会引发学生的抵触情绪。因此，教师应该鼓励学生对案例进行研究而非仅限于知道案例，例如，教师可以聚焦学生感兴趣的内容，鼓励学生以小组的形式共同研讨相关案例，鼓励学生积极查找与案例有关的信息，使得学生在探究案例的时候可以在无形中深化对相关知识的认知，引导学生了解相关知识的生成过程，培养学生的分析和判断能力。

鼓励学生积极寻找身边案例。案例本身具有较强的引领和启发作用，前文提到，案例研究法不限于对个案的分析，可以以案例组的形式进行。为了更好地使案例贴合学生实际，在学习一些案例时，教师可以鼓励学生围绕已有案例主题，自己寻找相关案例，可以是学生感兴趣的历史人物和事件，也可以是学生亲身经历的案例，形成案例组，进行对比分析，进一步深入理解相关问题和主题。教师通过让学生提供案例，可以培养学生对问题的关注能力，使学生在整理和分析案例时形成自己的思考，深化对相关知识的认知，避免陷入人云亦云的僵局。

七、实践锻炼法

实践锻炼法是通过具体实践实现对学生的思想政治教育。实践锻炼法具有灵活性和不可预测性，指向课程思政落实的生成性价值。千课一面的理论灌输容易使课程思政出现同质化问题，陷入课程与思政无法融合的怪圈。借用实践锻炼法可以使学生经历问题发生和解决的过程，在探究、推理和选择中作出决策。实践锻炼法在课程思政中的应用可以通过以下方式进行。

一是具体任务驱动。任务导向的学习实践锻炼具备明确的学习目标，学生可以清楚认识到在完成此项任务中需要具备的能力水平，同时可以为学生提供根据任务要求自主建构策略，选择相关知识和技能的机会，可以使学生在完成具体任务的过程中理解和运用所学知识，以一种询证的实践逻辑，积累相关经验。如在体育类专业课程思政教学中，运用任务驱动开展实践锻炼，不仅可以使学生在完成任务的过程中明确体育的价值，还可以将知识和技能有效结合，将“以体育人”深入学生的认知与实践中。

二是加强专业技能训练。高校中的理论课程具有较高的专业性，但其无法提供真实的社会情境，而专业技能训练是弥补高校理论课程不足的关键，可以为高校学生的职后专业发展奠定基础，培养学生的实践智慧。如师范类高校对学生的技能训练可以通过多种途径开展，如鼓励学生积极参加社会实践活动和技能比赛，在具体实践中锻炼师范生的从教能力、专业素质，体验教师素养和职业精神的重要性，明确作为一名“准教师”的责任。

三是鼓励创业实践。当下，知识经济时代需要大量的创新人才推动社会发展，《国务院关于大力推进大众创业万众创新若干政策措施的意见》鼓励有梦想、有意愿、有能力的高校毕业生积极创业。[①]大学生涯中的创业实践是检验学生所学、发展学生兴趣的关键，也是学生了解社会发展、参与社会发展的重要路径。创业实践可以锻炼学生的创新能力、问题解决能力、社会交往能力以及各种能力的韧性，培养学生的专业技能和综合素质，故在创业实践中形塑学生的能力素质显得尤为重要。

① 国务院关于大力推进大众创业万众创新若干政策措施的意见[EB/OL].(2015-06-11)[2023-08-03].http://www.moe.gov.cn/jyb_xxgk/moe_1777/moe_1778/201512/t20151210_224314.html.

第四节　课程思政方法的实施保障

课程思政方法的实施保障具有重要的意义。其一，确保教育目标实现。实施保障能够确保课程思政方法得到有效执行，从而保障思政教育目标能够顺利实现。制定明确的实施保障措施，可以确保思政教育贯穿于学科教学的全过程，实现知识与价值、能力与品格的同步提升。其二，提升教育效果。实施保障能够提升课程思政教育的效果。高校通过提供必要的教学资源、优化教学内容和方法等手段，可以增强思政教育的针对性和实效性，使学生更好地理解和接受思政教育内容，形成正确的价值观和人生观。其三，增强课程思政可持续性。实施保障能够增强课程思政教育的可持续性。建立健全的课程思政评估和反馈机制、加强课程思政的科学和理论研究、推动课程思政的实践探索和创新发展等，可以不断完善和优化课程思政教育体系，确保其能够长期、稳定地发挥育人功能。

一、加强教师队伍建设，保障课程思政方法的践行

习近平总书记指出："思想政治工作从根本上说是做人的工作，必须围绕学生、关照学生、服务学生，不断提高学生思想水平、政治觉悟、道德品质、文化素养，让学生成为德才兼备、全面发展的人才。"[①]教师是立德树人的重要参与者，课程思政方法的建构与实施离不开高质量教师队伍的助力，课程思政对教师教学素养的要求颇高，要想在不影响专业

① 习近平．习近平谈治国理政：第二卷[M].北京：外文出版社，2017：377.

知识传授的同时实现德育，[①]需要加强教师本身的专业能力与专业素质，这是保障课程思政方法得以践行，实现课程思政育人的关键。

（一）改革教师培养的导向机制，调整绩效考核标准

高校教师的绩效考核标准具有多样性，如师德、教学和科研等，2019 年教育部发布的《关于加强和改进新时代师德师风建设的意见》指出："把立德树人的成效作为检验学校一切工作的根本标准，把师德师风作为评价教师队伍素质的第一标准。"其目的在于着力培养德智体美劳全面发展的社会主义建设者和接班人。从政策层面指明了师德以及对学生的道德培养应作为评价教师的重要标准，但是当下，功利主义导向下的高校教师考核存在偏科研轻教学的问题，这会影响课程思政的落实效度。对此，高校应该改革教师培养的导向机制，调整绩效考核标准，将教师队伍的思想政治、职业道德素养作为重要标准，让师德师风建设要求贯穿教师培养的全过程。这样做的目的在于形成课程思政落实的协同机制，这样才能从教师层面为课程思政的落实创设更广阔的空间。

学校可以为在职教师提供针对性培训，以解决教师对课程思政内涵认知不明确的问题。需要注意的是，将师德师风建设任务落到实处，不仅是对在职教师的要求，更是对职前教师培育的要求，在不同的发展阶段，师德修养的内容也有所不同，这便要求高校更应该承担起对教师师德培育的使命，如以潜移默化的方法对师范类学生进行熏陶，给予"准教师"积极的角色期待，使师范类学生在今后的职业中自觉将思政内容融入教学活动中，实现外推力与内生性合一。

（二）以专业教师组为轴心，打造教师的成长平台

教师对"学习即获得"这一隐喻的认知占据教育思想的主导地位，致力在专业课程方面下功夫，对于"什么是课程思政"的认知不到位，

① 李合亮. 厘清课程思政的基本问题 [J]. 学校党建与思想教育，2024（3）：27-30，42.

无法将思想政治元素有效纳入课程之中。另外，教师在教学过程中忽视了对学生思想品德的教育，课程育人的效果不理想。基于此，高校各专业教师之间可以形成教研组，以教研组为轴心，转动教师在课程思政方面成长的齿轮，培育高质量教师，推进课程思政的有效落实。

首先，集体学习课程思政理论，加深理念认知。课程思政注重在“授业”中“传道”，注重“化理论为道德”①，教师应该直面教学中可能存在的“重知识轻道德”的问题，诸如教学理念恪守传统、教学方式比较单一、僵化等。深入理解课程思政的内涵，挖掘与课程内容相关的思政元素，共同学习、研讨，探寻适当的方法策略；其次，以教研组为单位开展课程思政教学实践，以听评课的方式相互学习、评价，在实践中的“试误”是教师成长的动力，而且同专业教师之间的相互评估是教师反思课程思政教学的关键。由此，由专业教师组成的教研组可以帮助教师学习并革新课程思政理念、探寻课程思政方法、进行课程思政实践，可以在教师专业队伍中形成课程思政的内驱力，不断培养能够承担课程思政教学的高质量教师。

（三）教师主动调整教学习惯，建构新质均衡的方法

课程思政的方法不仅是技术层面上的问题，同时是教师主体经验上的问题，教师在长期的教学经验中积累了一定的教学方法，并形成了与此相对应的教学习惯。一方面，教学习惯具有稳定性，可以提高教学效率；另一方面，教学习惯具有保守性，承载着教师的职业惰性，一旦成型便很难改变。不难发现，课程思政方法的建构难和落实难问题，很大程度上关涉教师旧有的教学习惯，它牵制着教师课程思政的认知、认同与教学落实，是课程思政落实不可忽视的束缚。所以要推进实施课程思政，还需要从改变教师的教学习惯入手，鼓励教师建构新质均衡的课程思政方法。

---

① 陈华栋．课程思政：从理念到实践[M]．上海：上海交通大学出版社，2021：120.

首先，教师要进行观念创新。观念的贫乏会造成方法的单一，教师要勇于突破思维定式，真正地去学习、理解课程思政的本质，积极面对课程思政教学存在的问题，寻求新的方法并将其积极运用于教学之中。在布迪厄（Bourdieo）的理论语境中，“惯习”作为一种生成性系统与历史密切相关，它深受过去所发生事件的影响，并不断指导着当下实践，又通过当下的实践而调整、改变。[①] 即惯习具有历史性，是历史的产物；习惯又具有开放性和能动性，是可以在实践中不断发展和建构的。其次，教师要加强能力积累。人们需要认识到，由于教师课程思政的育人意识与育人能力之间的不匹配，一些教师已经形成了相对固定的教学习惯，将思政元素纳入教学内容于教师而言是一件极具挑战性的工作。前文提到的“调整教师绩效考核标准”和“建立教师科研组”已为教师的课程思政教学能力铺路筑基，但是，教学习惯内含着教师的心理态度与行为方式，需要看到课程思政教学存在被动性和片面化问题，教师成长在借助团队力量的同时，应加强变革教学方法的自主性，这样才能从主观层面有效破除教学习惯对课程思政落实的阻碍。最后，教师要加强对方法的结构化设计。方法的结构化指对课程思政方法的有效组合，如教师可以将教学方法分解为有效的步骤，也可以将多种方法协同组合，以保障课程思政方法的新质均衡，使课程思政育人更有条理和系统性。

二、探索多元切入点，深化课程思政方法的改革

如何建构科学的课程思政方法并保障方法的有效推进与实施，是一个需要持续探索和不断优化的过程。对于教师而言，其需要做好课程思政在方法论层面的统筹设计，在实践中深化教学方法改革，推进教学方法创新。

---

① 张雯闻，方征，陈厚余．扶贫政策可以改变教育的惯习吗？——基于跨阶层社会关系网络的质性研究[J]．中国农业大学学报（社会科学版），2020，37（6）：97-112.

（一）从薄弱环节入手，找寻突破性方法

课程思政方法的选择与运用在关注长期目标实现的同时，应重视短期目标的达成。对于方法的找寻需要切实抓住本校课程思政的薄弱环节，并以此为切入点。另外，需要指出的是，不同课程在纳入思政教育时的薄弱点不甚相同，薄弱程度更是存在差异，课程思政需要“因课制宜”，靶向施策。

（二）从课程资源入手，建构特色方法体系

对课程资源的深入挖掘有助于课程思政教学更好地展开，教师需要有意识地挖掘课程的时间和空间资源，以建构具有学科特色的课程思政方法体系。同时，教师应该审慎思考以何种方法发挥这些资源的育人作用，教师可以充分利用学校发展特色和所处地域特色，通过主题嵌入、情感熏陶等方法培育学生的环境保护意识、人文素养和爱国情怀等。总之，课程资源的挖掘是一个自主的过程，教师应有意识地将课本知识与实际的社会发展和日常的生产、生活联系起来，让学生明晰课程的应用价值，培养学生学以致用的能力。

（三）从权力下移入手，支持创设个性方法

教师是课程思政的主要践行者，拥有探寻课程思政方法的权力，因此，学校应该鼓励教师对课程思政的方法推陈出新，赋予教师参与课程思政决策的话语权。同时，教师在实践中探索课程思政的有效方式时同样应该避免对课程思政方法的话语垄断，充分关注学生的发展需求以及当下存在的学习问题，倾听学生的意见。以此为基础，积极革新课堂，创新课程思政教学方法。

三、做好课程思政评估，促进方法的调整与优化

虽然课程思政教学具有内容的丰富性、方法的复杂性、实施的过程性和效果的叠加性，但是并不代表课程思政教学无法被有效评估，对课程思政教学评估的重视度不够，可能会造成方法的科学性和有效性逐渐

消弭，所以应该适当加强对课程思政教学的评估。制定评估细则的前提是明确评估什么、由谁评估以及怎么评估三个问题。

（一）明确评估重点与指标清单

关于评估什么，即谨遵课程思政的宗旨，围绕全面提高人才培养质量的重要任务，聚焦课程思政建设的目标要求和内容重点，进一步结合专业分类和课程设置情况，深入挖掘课程思政元素，有机融入课程教学，做好全课程育人工作，做到评估的目标化、重点化和综合化。例如，课程创新、学生成长和教师发展皆是评估课程思政教学的主要参照与重要依据。针对不同的课程教学，明确不同的评估侧重点和指标清单，例如，在教学中利用情感陶冶法对学生进行思想政治品德的熏陶，可以将学生在学习过程中的情感状态纳入评估内容，评估学生是否产生了更深入的价值认知和更强烈的价值认同。另外，对课程思政教学的评估，需要拓展到课堂之外的地方，如学生在生活和实习中的人际交往、解决问题的态度与能力等，都是检验课程思政方法是否生效的关键。

为进一步保证评估内容的合理性，关于评估什么这一问题，需要在不断地实践评估和反思修正评估维度和指标的基础上建立科学的评估内容体系。具体而言，高校可以邀请权威专家对评估内容进行评估，同时积极吸纳专业课教师、思政课教师、学校行政人员和学生等关于课程思政评估内容的意见，做到全课程、全员参与课程思政教学评估内容的制定。当然，具体的课程思政教学评估很大程度上会因学校而异、因专业而异，所以对评估细则的制定要遵循“因地制宜”，以实事求是的原则在教学这片沃土上播撒思想政治教育的种子。

（二）进行多主体与双向评估

关于由谁评估，一般而言，课程思政教学评估的主体具有多元性。在对教师的课程思政教学进行评估时，不能局限于单一主体，如专家和学校管理者的评估，这样容易造成由话语权威带来的压迫性评估，但同时需要注意的是，不应该机械地对照评估指标，评估过程应该具有弹性，使教师课程思政的自主权得到有效发挥。另外，不同的评价主体具有不同的立场、动机和目标，其中可能关涉评价主体自身的利益，如学生为了考试不挂科，只说优点不说缺点，同专业教师可能存在利益交换关系，在评估中只说“好话”等，这样的评估显然无法体现其公正性。

总体来说，评估主体与教师教学之间应该形成一种互惠关系，这种互惠关系并不是功利性的利益交换，而是“评—教相长”，双方皆能够在此过程中提升对思想政治教育的认同，将思政内容内化于理念，外化于教学活动。例如，学生作为评估主体的时候，可以采取匿名的方式，通过列举“负面清单”，促使教师对其课程思政教学进行反思，进而调整并创新课程思政教学方法；当教师作为评估主体的时候，无论是专业课的教师还是思政课的教师，他们都需要转换身份，以学生的角色反思自身的思政教学方法，寻找问题，真正发挥课程思政教学评估的作用。

（三）实施过程性与弹性评估

关于怎么评估，需要基于课程思政目标，对课程思政教学的整个过程与结果开展系统性和客观性评估，其中包括评估的理念、内容和方法等。对课程思政开展评估的目的是了解教师教学的质量、效果并提供改进建议。一般来说，思考“怎么评估”不仅对课程思政的落实起着监督作用，同时是建构有效教学方法的重要推动力。课程思政作为一种理念和方法，已经超出课程层面，是教学体系、课堂教学、教师队伍建设、质量评价、组织保障的系统性工程。[①] 所以对于“怎么评估”这一问题的回答，不能止于理论层面的推演以及单一的评估对象和方法。

首先，要进行过程性评估。过程性评估包括对课程育人目标、教学方法的选择与应用、学生的课堂学习状态、教师的课后反思以及学生的长期发展的评估，这意味着评估需要秉持过程性理念，与课程思政教学

① 谭红岩，郭源源，王娟娟．高校课程思政评估指标体系的构建与改进[J]．教师教育研究，2020，32（5）：11-15.

共同发展，推动课程思政育人的螺旋上升。

其次，要对课程思政教学内容进行深入评估，课程思政的目的在于立德树人，关注的是学生的高质量发展，故对课程思政教学的评估不应止于表面。举例来说，如果教师在某课堂上制订了培养学生家国情怀、责任意识和科学精神等的课程思政教学计划，那么，在进行课程思政教学评估时，不仅要评估教师在教学中是否涉及了这些指标，更重要的是评估学生对这些指标的内化程度，如此才能有效发挥课程思政对学生的能力、精神以及品格的涵养功能。

最后，要综合多种方法开展评估。兼顾评价对象的多元诉求，具体的评价方法可以结合问卷调查法、访谈法、观察法等，比如在运用观察法中进行记录关键事件，以保障各种评估方法的有机融合。

第四章　课程思政评价

课程思政评价对于提升教育质量、培养全面发展的人才以及推动教育体系的完善都具有重要作用。第一，促进思政教育质量提升。通过评价，教师可以及时发现思政课程中存在的问题和不足，从而有针对性地改进教学内容和方法，提高思政教育质量。第二，引导学生形成正确的价值观。课程思政评价可以引导学生反思自己的行为，形成正确的价值观和世界观。评价过程中的反馈和指导有助于学生更好地认识自己，明确人生方向。第三，实现立德树人目标。思政课程的主要目标是立德树人。通过课程思政评价，高校可以确保思政教育目标的实现，培养具有高尚品德、健全人格和强烈社会责任感的人才。

第一节　课程思政评价理论基础

在当前的教育环境中，课程思政已经成为学校教育的一个重要组成部分。它不仅能够提高学生的思想素质，还能够培养学生的社会责任感和国家观念。然而，如何对课程思政进行有效的评价，是当前教育工作者面临的一个重要问题。

一、课程思政评价理论基础

课程思政评价的理论基础主要包括马克思主义教育观、社会主义核心价值观和素质教育观。马克思主义教育观强调人的全面发展，注重培养学生的社会责任感和历史使命感。社会主义核心价值观是我国社会主义建设的精神支柱，是课程思政教育的重要内容。素质教育观则强调培养学生的综合素质，包括道德素质、智力素质、体育素质、美育素质和劳动素质。

（一）马克思主义教育观

马克思教育观的逻辑起点是“现实的人”。马克思提出，人的本质并不是单个人所固有的抽象物，在现实性上，它是一切社会关系的总和。[①]对于人的本质的理解也同样贯穿和体现于马克思教育观中。由于人的本质是一切社会关系的总和，教育也因此与经济、政治、环境等具有密切联系，即随着社会关系的发展和进步，教育的内容和形式也会随之发展，这是马克思主义从哲学角度出发对教育形成的基本认识，也是马克思主义唯物史观的重要体现。[②]马克思在阐明人的本质的基础上，也考察了人的发展，提出了促进人的全面发展的观点。

习近平总书记继承、丰富和发展了马克思主义教育观。习近平出席全国教育大会时指出：“教育是国之大计、党之大计。”必须始终坚持社会主义办学方向，坚持把立德树人作为根本任务，加快推进教育现代化、建设教育强国，办好人民满意的教育。要把师德师风作为评价教师队伍素质的第一标准，培养有理想信念、有道德情操、有扎实学识、有仁爱

① 中共中央马克思恩格斯列宁斯大林著作编译局．马克思恩格斯选集：第一卷［M］．北京：人民出版社，1995：60．

② 吴倩．试论马克思主义教育观对高校音乐教育的影响[J]．当代音乐，2022（4）：33-35．

之心的好老师，更好担当起学生健康成长指导者和引路人的责任。深化教育改革创新，加强和改进学校思想政治教育工作，把立德树人的成效作为检验学校一切工作的根本标准，建立全员、全过程、全方位育人体制机制。坚持为党育人、为国育才，引导青少年把爱国情、强国志、报国行融入坚持和发展中国特色社会主义事业的奋斗之中，在实现中华民族伟大复兴中国梦的生动实践中放飞青春梦想，书写人生华章。①

（二）社会主义核心价值观

社会主义核心价值观倡导的富强、民主、文明、和谐，自由、平等、公正、法治，爱国、敬业、诚信、友善，明确了国家、社会、公民三个层面的价值目标、价值取向、价值准则，是社会主义核心价值体系的凝练表达。②社会主义核心价值观是社会主义先进文化的精髓，昭示着中国特色社会主义发展方向和光明前景。它植根于中华文化沃土，熔铸于党领导人民长期奋斗的伟大实践，是当代中国精神的集中体现，凝结着全体人民共同的价值追求。正是社会主义核心价值观深厚的民族性、鲜明的时代性、内在的先进性、广泛的包容性，决定了其在我国文化建设中居于主导和引领地位。

社会主义核心价值观引领高等学校课程思政。在大学的课堂上，弘扬“富强、民主、文明、和谐，自由、平等、公正、法治，爱国、敬业、诚信、友善”，是文学、历史学、哲学、经济学、管理学、法学、教育学、理学、工学、农学、医学、艺术公共基础课、专业教育课、实践类课程进行课程思政的重要内容。每一位高校教师，不仅自己要践行社会主义核心价值观，而且要引导学生培育和践行社会主义核心价值观。

（三）素质教育观

潘懋元先生指出，高校提倡素质教育，主要针对的是高等教育中的

---

① 中共中央宣传部．习近平新时代中国特色社会主义思想学习问答[M]．北京：学习出版社，2021：339-340．

② 刘云山．着力培育和践行社会主义核心价值观[J]．党建，2014（2）：21．

两大片面性：一是知识领域的片面性，二是个性心理品质方面的片面性。前者表现为重专业轻基础、重做事轻做人、重科学轻人文，后者表现为仅重点落实知识教育和能力教育，而内在素质、政治思想、道德品质等培养未得到应有的落实。[①]1999年，中共中央、国务院颁布了《关于深化教育改革，全面推进素质教育的决定》。[②]为应对新时期的发展和要求，我国大力实施“科教兴国”“人才强国”战略，全面推进“应试教育”向“素质教育”的转变和发展。总的来说，素质教育是依据人的发展和社会发展的需要，以全面提高全体学生的基本素质为根本目的，以尊重学生主体性和主动精神，注重开发人的智慧潜能，形成人的健全个性为根本特征的教育。党的二十大报告指出：“我们要办好人民满意的教育，全面贯彻党的教育方针，落实立德树人根本任务，培养德智体美劳全面发展的社会主义建设者和接班人，加快建设高质量教育体系，发展素质教育，促进教育公平。”[③]

素质教育观，强调培养大学生的综合素质，包括道德素质、智力素质、体育素质、美育素质和劳动素质。培养大学生的道德素质是高校课程思政的一个重要任务，高校要深化职业理想和职业道德教育，教育引导学生深刻理解并自觉实践各行业的职业精神和职业规范，增强职业责任感，培养遵纪守法、爱岗敬业、无私奉献、诚实守信、公道办事、开拓创新的职业品格和行为习惯；提升大学生的智力素质是高校培养人才的重要目标，大学生的智力素质不仅包括基本的感知力、思维力、创造力、学习力、应变能力，还包括适应社会发展需要的各种高级智力

① 潘懋元，高新发．高等学校的素质教育与通识教育[J].煤炭高等教育，2002(1)：1-5.

② 中共中央 国务院关于深化教育改革全面推进素质教育的决定[J]．中华人民共和国国务院公报，1999(21)：868-878.

③ 习近平．高举中国特色社会主义伟大旗帜 为全面建设社会主义现代化国家而团结奋斗：在中国共产党第二十次全国代表大会上的报告[J].党的生活(黑龙江)，2022(11)：4-2.

素质，这些素质的不断提高可以促进大学生的全面发展，使其在未来的生活和工作中更具竞争力；大学生的体育素质不仅包括体育知识、技能和精神素质，还包括身体活动能力和健康管理能力等方面，通过不断提高这些素质，大学生可以更好地适应现代社会对人才的需求，同时有助于提高自身的综合素质；大学生的美育素质包括感知美、分析美、创造美、欣赏美、表达美等能力，同时需要具备正确的审美价值观、文化素养等；在劳动素质方面，大学生应该树立正确的劳动观念，认识到劳动是创造社会财富和实现个人价值的重要途径，要积极主动地参与劳动实践。大学生应该掌握一定的劳动技能，包括各种生产技能、管理技能、服务技能等，能够胜任所从事的工作。大学生应该具备勤劳、踏实、敬业、创新的劳动精神，能够以高度的责任感和使命感投身劳动实践。大学生应该具备团队协作精神，能够与同事共同完成工作任务，发扬集体主义精神。

二、课程思政评价目标

高校课程思政评价目标须依据教育部印发的《高等学校课程思政建设指导纲要》，围绕政治认同、家国情怀、文化素养、宪法法治意识、道德修养来确定。

（一）政治认同

推进习近平新时代中国特色社会主义思想进教材进课堂进头脑。坚持不懈用习近平新时代中国特色社会主义思想铸魂育人，引导学生了解世情国情党情民情，增强对党的创新理论的政治认同、思想认同、情感认同，坚定中国特色社会主义道路自信、理论自信、制度自信、文化自信。

（二）家国情怀

培育和践行社会主义核心价值观。教育引导学生把国家、社会、公民的价值要求融为一体，提高个人的爱国、敬业、诚信、友善修养，自觉把小我融入大我，不断追求国家的富强、民主、文明、和谐和社会的自由、平等、公正、法治，将社会主义核心价值观内化为精神追求、外化为自觉行动。

（三）文化素养

加强中华优秀传统文化教育。大力弘扬以爱国主义为核心的民族精神和以改革创新为核心的时代精神，教育引导学生深刻理解中华优秀传统文化中讲仁爱、重民本、守诚信、崇正义、尚和合、求大同的思想精华和时代价值，教育引导学生传承中华文脉，富有中国心、饱含中国情、充满中国味。

（四）宪法法治意识

深入开展宪法法治教育。教育引导学生学思践悟习近平全面依法治国新理念新思想新战略，牢固树立法治观念，坚定走中国特色社会主义法治道路的理想和信念，深化对法治理念、法治原则、重要法律概念的认知，提高运用法治思维和法治方式维护自身权利、参与社会公共事务、化解矛盾纠纷的意识和能力。

（五）道德修养

深化职业理想和职业道德教育。教育引导学生深刻理解并自觉实践各行业的职业精神和职业规范，增强职业责任感，培养遵纪守法、爱岗敬业、无私奉献、诚实守信、公道办事、开拓创新的职业品格和行为习惯。

三、课程思政评价原则

（一）政治性原则

课程思政评价的政治性原则要求评价必须坚持正确的政治方向，突出思想政治教育的特点，并建立严格的政治把关机制，以确保教学内容和教学方法符合党的路线、方针、政策和国家法律、法规，并引导学生树立正确的世界观、人生观和价值观。

第一，坚持正确的政治方向。课程思政评价必须坚持马克思主义指导地位，以立德树人为根本任务，以培养社会主义建设者和接班人为目标，确保教学内容和教学方法符合党的路线、方针、政策和国家法律、法规。

第二，突出思想政治教育的特点。课程思政评价应突出思想政治教育的特点，注重培养学生的爱国主义、集体主义、社会主义思想，加强社会主义核心价值观教育，引导学生树立正确的世界观、人生观和价值观。

第三，严格政治把关。课程思政评价应建立严格的政治把关机制，对教学内容、教学方式、教师资质等进行全面审查，确保不出现违反政治原则和政治纪律的问题。

（二）思想性原则

课程思政评价的思想性原则要求评价应关注课程思政的思想性，注重培养学生的思想素质，并考虑课程思政的深度和广度。这样，才能更好地实现课程思政的目标，引导学生树立正确的世界观、人生观和价值观，成为有社会责任感和创新精神的人才。

第一，课程思政评价应关注课程思政的思想性。课程思政评价不应仅关注知识的传授和技能的培养，还应关注课程思政所蕴含的思想性，如对社会主义核心价值观的体现、对社会热点问题的关注、对学生思想道德的引导等。

第二，课程思政评价应注重培养学生的思想素质。课程思政评价应注重评价学生的思想素质，如学生的世界观、人生观、价值观是否得到正确的引导，学生的道德品质是否得到提升等。

第三，课程思政评价应考虑课程思政的深度和广度。课程思政评价不仅应考虑课程思政所涉及的知识和技能的深度和广度，还应考虑课程思政所蕴含的思想性的深度和广度，如课程中所蕴含的社会责任感、创新精神、人文关怀等。

（三）全面性原则

课程思政评价的全面性原则要求评价应涵盖教学的各个方面，以提供更准确、更全面的反馈，从而改进教学方法和效果。

第一，课程思政评价方法要全面。评价方法应该能够全面地考察课程思政教学过程和教学效果，包括课堂教学、课外活动、学生表现等方面。

第二，课程思政评价指标要全面。评价指标应该全面地考查学生的思想政治素养和教学效果，包括思想政治理论的理解、应用和创新能力，以及思想政治理论的实际应用和社会影响力。

第三，课程思政评价结果要全面。评价结果应该全面呈现课程思政教学过程和教学效果的情况，包括优点、不足等。

（四）科学性原则

课程思政评价的科学性原则强调评价的准确性和客观性，要求课程思政评价方法和课程思政评价指标具有科学性，以真实地反映课程思政教学过程和教学效果。

第一，课程思政评价方法和评价指标应具有科学性。评价方法应该采用科学的研究方法和工具进行评价，如问卷调查、访谈、观察等。评价指标应该能够客观地衡量学生的思想政治素养和教师教学效果。

第二，课程思政评价结果应该具有科学性。评价结果应该能够提供准确的信息和参考意见，以帮助教师和学生了解教学效果，发现问题并改进教学方法。

（五）动态性原则

课程思政评价的动态性原则要求评价应关注课程思政的动态发展，注重教学过程的动态性，并考虑学生的个体差异和发展性。这样，才能更好地反映课程思政的实际效果，引导学生全面发展，提高其适应社会和解决问题的能力。

第一，课程思政评价应关注课程思政的动态发展。课程思政评价不应仅关注静态的、既定的教学内容和教学方法，还应关注课程思政的动态发展，如对时代发展的适应性、对学科前沿的反映等。

第二，课程思政评价应注重教学过程的动态性。课程思政评价应注重评价教学过程的动态性，如教师如何引导学生参与课堂讨论、如何组织学生进行实践活动等，以考查学生的学习效果和思想素质的发展。

第三，课程思政评价应考虑学生的个体差异和发展性。课程思政评价应考虑学生的个体差异和发展性，如学生的学科背景、学习风格、兴趣爱好等，以评价学生在课程思政中的发展和进步。

（六）参与性原则

课程思政评价的参与性原则要求评价应关注学生的参与性，注重教学过程的互动性，并考虑学生反馈和评价的参与。这样，才能更好地反映课程思政的教学效果，提高学生的学习积极性和主动性，促进教学质量的有效提升。

第一，课程思政评价应关注学生的参与性。课程思政评价不应仅关注教师教的过程，还应关注学生学的过程，如学生的课堂参与度、讨论积极性、课后反馈等。

第二，课程思政评价应注重教学过程的互动性。课程思政评价应注重评价教学过程的互动性，如教师与学生之间的交流与反馈、学生之间的合作与讨论等，以考察教学过程的实效性。

第三，课程思政评价应考虑学生反馈和评价的参与。课程思政评价应考虑学生反馈和评价的参与，如学生对教学内容和教学方法的评价、对教师教学质量的反馈等，以促进教学质量的持续改进。

（七）教育性原则

课程思政评价的教育性原则要求评价应关注课程思政的教育价值，注重培养学生的综合素质，并考虑课程思政的长期影响。这样，才能更好地实现课程思政的教育目标，提高学生的综合素质和社会责任感，促进学生的全面发展。

第一，课程思政评价应关注课程思政的教育价值。课程思政评价不应仅关注知识的传授和技能的培养，还应关注课程思政所蕴含的教育价值，如培养学生的社会主义核心价值观、社会责任感、创新精神等。

第二，课程思政评价应注重学生的综合素质。课程思政评价应注重评价学生的综合素质，如学生的知识水平、技能水平、思想道德素质等，以考察课程思政对学生全面发展的贡献。

第三，课程思政评价应考虑课程思政的长期影响。课程思政评价应考虑课程思政对学生的长期影响，如学生对所学知识的应用能力、对未来职业发展的贡献等，以衡量课程思政的长期教育效果。

（八）情境性原则

课程思政评价的情境性原则强调在真实的情境中评价学生的学习状态和综合素质发展水平，同时关注教师的教学表现和专业成长。通过全面、客观地评价课程思政的实施过程和效果，推动课程思政的持续改进和发展。

第一，真实反映学生的学习状态。课程思政评价的情境性原则要求评价过程要真实反映学生的学习状态。通过观察和记录学生在具体情境中的表现，了解学生的学习需求和能力水平，为后续的教学活动提供有力的依据。

第二，强调学生的主体性和参与性。课程思政评价的情境性原则强调学生的主体性和参与性。在评价过程中，要充分尊重学生的个性差异和需求，设计适合学生的情境活动，并鼓励学生积极参与其中，以促进学生的自我发展和提升。

第三，全面评估学生的综合素质。课程思政评价的情境性原则不仅关注学生的知识掌握情况，还强调对学生综合素质的全面评估。通过在具体情境中观察学生的知识应用能力、实践能力、团队合作能力、创新思维等方面的表现，全面评估学生的综合素质发展水平。

第四，促进教师的专业成长。课程思政评价的情境性原则还关注教师的专业成长。通过观察教师在具体情境中的教学表现，为教师提供有针对性的反馈和建议，帮助教师不断改进教学方法和策略，提高教学质量和效果。

第五，推动课程思政的持续改进。课程思政评价的情境性原则强调对评价结果的反思和总结，发现存在的问题并积极采取措施加以改进。同时，关注教师和学生对课程思政的反馈意见和建议，以促进课程思政的持续改进和提高。

（九）体验性原则

课程思政评价的体验性原则强调学生在学习过程中的情感和实践体验，关注教师的教学体验和感受，强调评价的情境性，并重视对评价结果的反馈和改进。这些方面相互关联、相互促进，共同构成了课程思政评价的体验性原则的内涵。

第一，关注学生的情感体验。课程思政评价的体验性原则强调学生在学习过程中的情感体验。通过关注学生的情感需求和情感变化，评价教学过程是否能够激发学生的学习兴趣和动力，是否能够促进学生的情感发展和提升。

第二，重视学生的实践体验。课程思政评价的体验性原则强调学生在学习过程中的实践体验。通过关注学生的实践表现和实践成果，评价教学过程是否能够培养学生的实践能力和创新精神，是否能够促进学生的综合素质发展。

第三，关注教师的体验感受。课程思政评价的体验性原则也关注教师在教学过程中的体验感受。通过关注教师的教学体验和情感变化，评价教学过程是否能够促进教师的专业成长和发展，是否能够提高教师的教学质量和效果。

第四，强调评价的情境性。课程思政评价的体验性原则强调评价的情境性，即评价过程应该置于特定的教学情境中。通过关注学生在特定情境中的表现和实践，以及教师在特定情境中的教学体验和表现，评价教学过程是否能够实现课程思政的目标和要求。

第五，重视反馈与改进。课程思政评价的体验性原则强调对评价结果的反馈和改进。通过及时向教师和学生提供反馈意见和建议，帮助他们了解自身在课程思政中的优点和不足，进而促进教师专业成长和学生综合素质发展。

四、课程思政评价内容

课程思政评价应该从多个方面进行综合评价，以全面了解课程思政的教学效果和教育质量。同时，课程思政评价应该注重客观性和科学性，以真实反映课程思政的评价结果，为改进课程设计提供参考。

（一）思想政治教育内容的评价

评价课程中是否有机融入了思政元素，包括马克思主义基本原理、中国特色社会主义理论体系、社会主义核心价值观等方面的内容，以及这些内容是否能够帮助学生树立正确的世界观、人生观和价值观。

（二）课程思政教学效果的评价

评价课程的教学效果和教育质量，包括学生的学习状态、学习效果、思想素质和综合素质等方面。

（三）课程思政整体设计的评价

评价课程的整体设计是否符合人才培养目标和规格，是否符合学生的认知规律和学习特点，是否能够有效地实现课程思政的目标。

（四）教师教学水平的评价

评价教师的教学水平，包括教学态度、教学方法、教学能力等方面，以及教师是否能够有效地将思政元素融入课程。

（五）学生参与度的评价

评价学生的参与度，包括学生在课堂上的参与情况、讨论情况、课后反馈等方面，以及学生是否能够积极参与课程思政的活动。

五、课程思政评价方法

课程思政评价应该采用多种方法进行综合评价，以全面了解课程思政的教学效果和教育质量。同时，评价应该注重客观性和科学性，以真实反映课程思政的评价结果，为改进课程设计提供参考。

（一）观察法

观察法是评价课程思政效果最直接、最有效的方法之一。教师可以通过观察学生的课堂表现、课后反馈、小组讨论、班会交流等方式，了解学生对课程思政的接受程度和思想素质的提升情况。

（二）问卷调查法

问卷调查法是一种常用的评价方法，教师可以通过设计问卷，了解学生对课程思政的认知、感受和评价，以及对课程思政的建议和意见。

（三）小组讨论法

小组讨论法可以帮助学生深入探讨课程思政的相关问题，加深对思政元素的理解和认识，同时可以促进同学之间的交流和合作。

（四）案例分析法

案例分析法是一种通过分析真实的案例来评价课程思政效果的方法。教师可以通过选取典型的案例，引导学生分析、讨论和思考，从而提高学生的分析能力和思想素质。

（五）考试评估法

考试评估法是一种传统的评价方法，教师可以通过考试成绩来了解学生对课程内容的掌握程度，以及课程思政的教育效果。

六、课程思政评价实施

（一）建立课程思政评价体系

建立课程思政评价体系需要从多个方面入手，确保评价的全面性、客观性和科学性。同时，需要不断改进和完善课程思政评价体系，以适应不同学科、不同课程的特点和要求。

明确评价目标：评价目标是整个评价体系的指引，建设课程思政评价体系需要明确评价的目的是什么，以及评价的对象、内容、范围和标准等。

设计评价指标：根据评价目标，设计相应的评价指标，包括思政元素融入度、学生思想素质提升度、教师教学水平等。

确定评价方式：根据评价指标，选择合适的评价方式，如观察法、问卷调查法、小组讨论法、案例分析法、考试评估法等。

制定评价标准：根据评价指标和评价方式，制定相应的评价标准，包括评价的量化标准和定性标准。

建立评价机构：建设课程思政评价体系要建立相应的评价机构，如课程思政评审委员会或教学督导组等，评价机构负责实施评价工作，并确保评价的公正性和客观性。

反馈与改进：评价完成后，评价者要将评价结果及时反馈给相关教师和学生，以便其进行相应的改进。同时，将评价结果纳入教学质量管理体系，作为教学质量改进的重要依据。

（二）开展课程思政评价活动

开展课程思政评价活动需要相关人员精心组织和实施，确保评价的全面性、客观性和科学性。同时，需要重视反馈和改进环节，以不断提高教学质量和效果。

明确评价活动目的和意义：高校在开展课程思政评价活动前，需要明确评价活动的目的和意义，以便更好地组织和实施评价工作。

设计评价活动方案：根据评价目标、评价指标和评价标准等，设计相应的评价活动方案，包括评价对象、评价内容、评价方式、评价时间等方面的规定。

确定评价活动参与人员：根据评价方案，确定参与评价活动的人员，包括相关教师、学生代表、教学督导等。

开展评价活动：按照评价方案规定的步骤和方式，开展评价活动。在评价过程中，评价者要客观公正地进行评价，不带有个人情感和偏见。对评价结果进行统计和分析，以便更好地了解课程思政的教学效果和教育质量。对评价中发现的不足和问题，及时提出改进意见和建议。

（三）反馈课程思政评价结果

反馈课程思政评价结果需要准确、及时地进行，以便教师和学生能够了解自己的教学和学习情况，并进行相应的改进和提高。同时，反馈课程思政评价结果需要重视总结和反思环节，以便更好地完善评价体系和提高教学质量。

整理评价结果：将评价数据进行整理和分析，包括各项指标的得分、排名和比较情况等。

分析评价结果：对评价结果进行分析，找出优点和不足之处，并分析原因。

制定改进措施：根据分析结果，制定相应的改进措施，包括教学方法、教学内容、教学资源等方面的改进。

反馈评价结果：将评价结果及时反馈给相关教师和学生，以便进行相应的改进和提高。同时，将评价结果纳入教学质量管理体系，作为教学质量改进的重要依据。

总结与反思：在反馈过程中，需要对评价过程进行总结和反思，以便更好地完善评价体系和提高教学质量。

第二节　课程思政评价依据与标准

课程思政评价的依据与标准是多方面的，需要综合考虑课程思政的教学要求、学生发展和社会需求等因素。在评价过程中，应该注重量化指标的评价，同时要注重对教师的全面观察和专业判断。

一、课程思政评价依据

（一）国家方针政策

课程思政评价必须以国家方针政策为依据，全面反映课程思政的教学效果和教育质量，推动高校立德树人工作落到实处。

坚持正确的政治方向。课程思政评价必须符合党和国家的路线、方针和政策，遵循社会主义核心价值观，传递正能量，引导学生树立正确的世界观、人生观和价值观。

突出思想政治教育的特点。课程思政评价应注重思想政治教育目标的实现，关注学生的思想素质提升和社会责任感的培养。

严格遵守教育教学规律。课程思政评价应该遵循教育教学规律，注重培养学生的综合素质和能力，促进学生的全面发展。

体现时代性、创新性和实效性。课程思政评价应该紧跟时代步伐，适应学科发展和社会需求的变化，不断创新和完善评价体系，提高评价的科学性和有效性。

尊重学生个体差异和发展性。课程思政评价应该关注学生的个体差异和发展性，根据不同学生的学习特点和需求，制定个性化的评价方案，以促进学生个体的成长和发展。

（二）部门专门文件

教育部、教育厅等相关部门会根据国家方针政策，发布有关课程思政建设的指导文件，这些文件通常会明确课程思政的目标、内容、方法、评价标准等方面的要求，是课程思政评价的重要依据。

高校课程思政建设具体方案。高校根据教育部门的指导文件，结合本校实际情况，制定具体的课程思政建设方案，包括教学计划、教学资源、教师培训等方面的具体安排，这些方案是课程思政评价的重要参考。

专家委员会或学术委员会制定的评价标准。一些高校会成立专家委员会或学术委员会，制定课程思政的评价标准，这些标准通常会根据学科特点、教学目标、学生需求等方面制定具体的评价指标和评分标准，是课程思政评价的重要依据。

其他相关文件和材料。其他相关文件和材料包括学生学情分析报告、教学大纲、教学进度表、考试试卷等，这些文件和材料可以反映学生的学习情况、教师的教学水平和课程思政的实际效果，是课程思政评价的参考依据。

（三）人才培养目标

在课程思政评价的依据中，人才培养目标是一个重要的方面。人才培养目标是高校人才培养工作的总体指导思想，是制定人才培养方案、实施教育教学工作、评价教育教学质量的根本依据。课程思政作为高校思政工作的重要组成部分，必须紧密围绕人才培养目标展开，并服务于人才培养目标的实现。

培养德才兼备的高素质人才。高校应将品德修养和专业知识、能力、素质的培育相结合，注重学生的全面发展，培养德才兼备的高素质人才。课程思政评价应关注学生的品德培养和综合素质提升，尤其是思想道德素质的提升。

增强社会责任感和使命感。高校应培养学生具备强烈的社会责任感和使命感，关注国家和社会的发展，积极参与社会实践活动，为社会进步和发展作出贡献。课程思政评价应关注学生在社会责任感和使命感方面的表现，尤其是在面对国家和社会的重大问题时所表现出的思想意识和行动能力。

培养创新精神和实践能力。高校应注重培养学生的创新精神和实践能力，鼓励学生独立思考、勇于创新，掌握适应时代发展的实践技能。课程思政评价应关注学生的创新精神和实践能力的表现，尤其是在解决实际问题和创新性思维方面的表现。

培养国际视野和跨文化交流能力。高校应培养学生的国际视野和跨文化交流能力，了解世界文化多样性，积极参与国际交流与合作。课程思政评价应关注学生的国际视野和跨文化交流能力的表现，尤其是在跨文化交流和国际合作方面的表现。

（四）课程教学目标

在课程思政评价的依据中，课程教学目标也是一个重要的方面。课程教学目标是课程教学的指导思想，是教师制订教学计划、组织教学内容、实施教学过程、评价教学效果的重要依据。课程思政作为课程的重要组成部分，其评价也应该紧密围绕课程教学目标展开。

价值塑造。课程思政的价值塑造目标应该培养学生的社会主义核心价值观，增强学生的社会责任感和使命感，提高学生的文化自觉和自信。课程思政评价应关注学生是否能够形成积极向上的情感态度价值观，是否能够将其在学习和生活中得到体现。

知识传授。课程思政的知识传授目标应该与专业知识和日常生活密切相关，包括马克思主义基本原理、中国特色社会主义理论体系、社会主义核心价值观等方面的知识，以及与学生所学专业相关的伦理、社会、法律等方面的知识。课程思政评价应关注学生是否能够掌握这些知识，是否能够运用所学知识分析和解决实际问题。

能力培养。课程思政的能力培养目标应该培养学生的综合能力，包括思想素质、文化素质、道德素质、心理素质等方面的能力，以及与所学专业相关的实践能力和创新能力。课程思政评价应关注学生是否能够在这些方面得到提高和锻炼。

（五）教师自身素质

在课程思政评价的依据中，教师自身素质也是一个重要的方面。教师是课程思政的实施者和组织者，其自身素质对课程思政的效果和质量有着重要的影响。因此，对教师自身素质的评价也是课程思政评价的重要依据之一。课程思政评价必须关注教师的自身素质，尤其是政治素质、道德素质、业务素质、创新能力和自我提升能力等方面。对教师自身素质的评价，可以促进教师不断改进和提高教学质量，推动课程思政工作的深入开展。

政治素质。教师必须具备正确的政治方向和政治立场，坚定信仰马克思主义，坚持社会主义核心价值观，具有较高的政治觉悟和政治理论水平。课程思政评价应关注教师是否能够结合课程内容对学生进行正确的政治引导和教育。

道德素质。教师必须具备高尚的道德品质，有强烈的社会责任感和使命感，关心学生成长，尊重学生个性差异，公正公平地对待每一位学生。课程思政评价应关注教师在教学过程中是否能够对学生进行良好的道德教育和思想引导。

业务素质。教师必须具备扎实的专业知识和教学能力，熟悉教育教学规律，能够根据学生的认知规律和学习特点组织教学内容和实施教学过程。课程思政评价应关注教师是否能够将思政元素与专业知识有机融合，实现课程思政的目标。

创新能力。教师必须具备创新意识和创新能力，能够结合时代发展和学科前沿，创新教学方式和方法，注重培养学生的创新精神和实践能力。课程思政评价应关注教师是否能够不断创新课程思政的方式和手段，提高课程思政的效果和质量。

自我提升能力。教师必须具备自我提升的能力，能够不断学习和提高自身素质，不断更新教育观念和教学理念，保持与时代和学科发展同步。课程思政评价应关注教师是否能够持续提高自身素质，为课程思政的持续改进提供支撑。

二、课程思政评价标准

（一）组织性考察指标

组织性考察指标是课程思政评价标准的重要组成部分，主要关注学校在课程思政工作方面的组织和管理情况，以及各项工作的系统性和连贯性程度。通过对这些指标的评价，人们可以了解学校在课程思政工作方面的重视程度和管理水平，为进一步提高课程思政的效果和质量提供参考。

领导重视程度。考察学校领导是否重视课程思政工作，是否制定了相关的政策和文件，是否在教师培训、资源投入等方面给予了足够的支持。

管理机制健全程度。考察学校是否建立健全的课程思政管理机制，组织机构、工作职责、工作计划、监督机制等方面是否完善，是否能够保证课程思政工作的有序开展。

教师参与程度。考察教师是否积极参与课程思政工作，是否能够按照学校要求制订课程思政教学计划、组织教学内容、实施教学过程，是否能够将思政元素与专业知识有机融合。

资源整合程度。考察学校是否能够有效整合各类资源，包括课程资源、教师资源、场地资源等，是否能够为课程思政工作提供足够的支持和保障。

考核评价完善程度。考察学校是否建立完善的考核评价机制，是否能够科学、客观地评价课程思政的效果和质量，是否能够及时反馈评价结果并针对不足之处进行改进。

系统性和连贯性程度。考察课程思政工作是否具有系统性和连贯性，各年级、各专业、各课程之间的思政教育是否能够相互衔接、相互补充，形成一个有机的整体。

与社会需求的契合程度。考察课程思政工作是否与社会需求相契合，是否能够满足社会对人才培养的需求，是否能够为学生未来的职业发展提供有力的支持。

（二）学科性考察指标

学科性考察指标是课程思政评价标准的重要组成部分，主要关注课程思政在知识性、思想性、人文性、时代性、实践性、研究性和教师素质等方面的表现，以及学校的课程思政教育环境等。通过对这些指标的评价，人们可以了解课程思政在学科方面的实际效果和质量。

知识性。考察课程思政在知识性方面是否具有科学性和严谨性，是否能够传授给学生正确的知识和信息，是否能够培养学生的学科素养和综合能力。

思想性。考察课程思政在思想性方面是否具有启发性和引导性，是否能够引导学生形成正确的世界观、人生观和价值观，是否能够增强学生的社会责任感和使命感。

人文性。考察课程思政在人文性方面是否具有亲和力和包容性，是否能够关注学生的个体差异和情感需求，是否能够培养学生的文化自觉和自信。

时代性。考察课程思政在时代性方面是否具有前瞻性和开放性，是否能够紧跟时代步伐和学科发展，是否能够引入新的教学理念和技术手段，提高课程思政的效果和质量。

实践性。考察课程思政在实践性方面是否具有可操作性和可实施性，是否能够通过实践活动培养学生的实践能力和创新精神，是否能够实现知行合一的教育目标。

研究性。考察课程思政在研究性方面是否具有探索性和创新性，是否能够引导学生进行独立思考和研究性学习，是否能够培养学生的创新意识和科研能力。

教师素质。考察教师在课程思政中的教学水平和专业素养，考察教师是否能够充分发挥教师的育人作用，是否能够为学生树立良好的榜样和引领。

教育环境。考察学校在课程思政方面的教育环境和氛围，考察学校是否能够为课程思政提供良好的教学条件和支持，是否能够鼓励学生积极参与课程思政活动。

（三）课程性考察指标

课程性考察指标是课程思政评价标准的重要组成部分，主要关注课程思政在课程目标、内容选择、内容更新、教学方法、课堂管理、课程评价、教师教学能力和教学效果反馈机制等方面的表现。通过对这些指标的评价，人们可以了解课程思政在课程方面的实际效果和质量。

课程目标的明确性。考察课程思政在课程目标上是否明确，是否能够结合专业特点和人才培养目标进行课程设计，是否能够培养学生的综合素质和职业素养。

课程内容的选择性。考察课程思政在课程内容上是否具有选择性和针对性，是否能够根据学生的认知规律和学习特点进行内容组织，是否能够将思政元素与专业知识有机融合。

课程内容的更新性。考察课程思政在课程内容上是否能够及时更新和补充，是否能够关注学科前沿和时代发展，是否能够将最新的科技成果和学术成果引入课程中。

教学方法的多样性。考察课程思政在教学方法上是否具有多样性和创新性，是否能够采用多种教学方法和手段进行授课，是否能够调动学生的积极性和主动性，提高课程思政的效果和质量。

课堂管理的有效性。考察课程思政在课堂管理上是否有效，是否能够保持良好的课堂秩序和学习氛围，是否能够关注学生的个体差异和情感需求，促进学生的全面发展。

课程评价的合理性。考察课程思政在课程评价上是否具有合理性和科学性，是否能够根据学生的实际表现进行客观评价，是否能够反映学生的综合素质和职业素养。

教师教学能力的评估。考察教师在课程思政中的教学能力和专业素养，考察教师是否能够充分发挥教师的育人作用，提高课程思政的教学水平和效果。

教学效果的反馈机制。考察学校在课程思政方面是否有完善的教学效果反馈机制，是否能够及时收集学生和教师的反馈意见并进行改进，提高课程思政的质量和水平。

（四）主体性考察指标

主体性考察指标是课程思政评价标准的重要组成部分，主要关注学生在课程思政中的参与程度、获得感、满意度、反馈机制以及教师的引导作用、师生之间的互动性和教学效果的可持续性等方面。通过对这些指标的评价，人们可以了解课程思政在主体性方面的实际效果和质量。

学生参与度。考查学生在课程思政中的参与程度，考查学生是否能够积极参与课堂讨论、小组合作等活动，是否能够发挥主体作用，展现自我思考和解决问题的能力。

学生获得感。考查学生在课程思政中是否能够获得实际的收获和成长，是否能够提升自身的思想道德素质、人文素养和综合素质，是否能够增强自身的创新精神和实践能力。

学生满意度。考查学生对课程思政的满意度，考查学生是否对教师的教学态度、教学内容、教学方法和课堂氛围感到满意，是否能够感受到课程思政的针对性和实效性。

学生反馈机制。考察学校在课程思政方面是否有完善的反馈机制，是否能够及时收集学生的反馈意见并进行改进，提高课程思政的质量和水平。

教师引导作用。考察教师在课程思政中是否能够发挥引导作用，是否能够引导学生主动思考和探索问题，是否能够激发学生的学习兴趣和动力，培养学生的自主学习和终身学习能力。

师生互动性。考察课程思政中师生之间的互动情况，考察师生之间是否能够形成良好的互动关系，促进师生之间的交流和合作，营造积极向上的学习氛围。

教学效果的可持续性。考察课程思政的教学效果是否具有可持续性，是否能够对学生的未来学习和职业生涯产生积极的影响，是否能够促进学生的全面发展和终身发展。

（五）过程性考察指标

过程性考察指标是课程思政评价标准的重要组成部分，主要关注学生在课前准备、课中参与和课后练习与总结等学习环节的表现和投入程度。通过对这些指标的评价，人们可以更全面、准确地了解学生的学习过程和学习成果。在过程性考察中，人们应该注重对学习过程的评价，而非仅仅关注结果。学生在各个学习环节的表现和投入程度，可以更全面、准确地反映学生的学习过程和学习成果。同时，针对不同的学科内容和课程类型，可以制定相应的过程性考察指标和评价标准，以更好地体现课程思政的教育理念和目标。

课前准备充分。考查学生是否能够做好课前准备，包括预习、资料收集、小组讨论等环节，是否能够积极参与课前学习活动，为课堂学习打下基础。

课中参与积极。考查学生在课堂学习中是否能够积极参与讨论、提问、分享等环节，是否能够发挥主体作用，展现自我思考和解决问题的能力。

课后练习与总结。考查学生是否能够认真完成课后作业、实践项目等练习任务，并能够对所学知识进行总结、反思和提升，从而巩固学习成果。

（六）效用性考察指标

效用性考察指标是课程思政评价标准的重要组成部分，主要关注课程思政的目标与内容的相关性、实施与效果的达成度、社会评价与认可度以及未来发展与推广价值等方面。通过对这些指标的评价，人们可以更全面地了解课程思政的实际效果和社会价值。在效用性考察中，应该注重对课程思政实际效果的评价，包括对学生个体发展、社会认可和未来推广价值的考量。通过对这些指标的评价，人们可以更全面地了解课程思政的效用性和社会价值，为进一步完善和推广课程思政提供参考。

目标与内容的相关性。考察课程思政的目标与内容是否具有相关性，是否能够通过课程思政实现立德树人的目标，培养学生的思想道德素质、人文素养和综合素质。

实施与效果的达成度。考察课程思政的实施过程和效果是否能够达成预期目标，是否能够有效地实现知识传授、能力培养和价值引领的有机结合，提高学生的全面素质。

社会评价与认可度。考察社会对课程思政的评价和认可度，课程思政是否能够满足社会对人才培养的需求，是否能够得到家长、学生和社会的认可和赞誉。

未来发展与推广价值。考察课程思政在未来是否有继续推广和发展的价值，是否能够为其他课程思政提供借鉴和参考，为培养更多具有社会责任感、创新精神和实践能力的人才作出贡献。

三、课程思政评价体系

课程思政评价体系的建构，须以系统性思维进行全局设计，保障课程思政体系的整体性。一方面，评价是为了更好地发展，其需要基于一定的评价标准，以一种系统的、综合的方式对教育过程与效果进行分析与判断，从而发挥其诊断与修正、决策与服务等作用。另一方面，课程思政要坚守立德树人的本质要求，须以协同育人为理念，以显性教育与隐性教育结合为实施方法，以创新思维推动课程思政创新发展。在新时代，寓德于课作为课程思政的首要特点，倡导在课程教学过程中挖掘“人文素养”元素，进行核心价值引领。[①]2020年，教育部制定的《高等学校课程思政建设指导纲要》指出，全面推进课程思政建设，就是要寓价值观引导于知识传授和能力培养之中，……要紧紧抓住教师队伍“主力军”、课程建设“主战场”、课堂教学“主渠道”，建立健全课程思政建设质量评价体系和激励机制，研究制订科学多元的课程思政评价标准。可见，课堂教学作为课程思政的主要渠道，学生作为课程思政的培养对象，教师队伍作为课程思政的实施主体，为建构课程思政的评价体系提供了思路和依据。[②]

（一）课程思政的课堂教学评价

课程思政的课堂教学评价应从教学内容整合度、教学方法创新性、课堂氛围营造、教学过程组织、思政元素融合方式、学生参与度与学习效果、教师思政素养与教学能力以及课堂互动与反馈机制等方面展开，以全面了解课程思政在课堂教学中的实际效果和质量。

教学内容整合度。评价教师是否能够将思政元素与学科知识有机融合，选取恰当的教学内容，既保证学科知识的科学性和严谨性，又能够突出思政元素的思想性和教育性。

教学方法创新性。评价教师是否能够采用创新的教学方法，如案例教学、情景模拟、小组讨论等，调动学生的积极性和主动性，提高学生的课堂参与度和学习效果。

课堂氛围营造。评价教师是否能够关注学生的情感需求和个性差异，营造积极向上、宽松和谐的课堂氛围，建立良好的师生关系，促进学生的全面发展。

---

① 王学俭，石岩．新时代课程思政的内涵、特点、难点及应对策略［J］．新疆师范大学学报（哲学社会科学版），2020，41（2）：50-58．

② 范卿泽．课程思政理论与实践［M］．北京：人民教育出版社，2022：175-176．

教学过程组织。评价教师是否能够有序组织教学过程，合理安排教学环节，注重教学节奏的把握和教学进度的控制，确保教学目标的顺利实现。

思政元素融合方式。评价教师在课堂教学中融合思政元素的方式是否恰当、自然，是否能够将思政元素与学科知识有机融合，避免生搬硬套或牵强附会。

学生参与度与学习效果。评价学生在课堂上的参与情况和学习效果，包括对知识的掌握、思想认识的提升、能力的发展等方面，以检验课程思政的实际效果和质量。

教师思政素养与教学能力。评价教师自身的思政素养和教学能力，包括对思政理论的理解和运用能力、教学策略的选择与实施能力、课堂管理的能力等，以反映教师在课程思政中的主导作用和教学水平。

课堂互动与反馈机制。评价师生之间的互动情况以及学生对课程思政的反馈机制，包括课堂交流与讨论的情况、学生提问与回答的积极性、教师对学生学习情况的及时反馈等，以了解课程思政中师生互动的有效性和教学反馈的及时性。

（二）课程思政的学生发展评价

课程思政的学生发展评价应从价值塑造、知识掌握、能力提升、课堂参与与表现、社会实践与活动参与以及反馈与评价等方面展开，以全面了解课程思政的实际效果和质量。

价值塑造。评价学生在课程思政中形成的情感态度与价值观，包括对自我、他人、社会和国家的认识和理解，对社会主义核心价值观的认同和接受程度，以及是否具有正确的世界观、人生观和价值观。

知识掌握。评价学生是否能够掌握学科知识和技能，是否能够理解并应用所学知识，同时考查学生在学习过程中的学习方法、学习策略等。

能力提升。评价学生在课程思政中获得的能力，包括自主学习能力、批判性思维、解决问题的能力、创新能力等，以及在实践中运用所学知识的能力。

课堂参与与表现。评价学生在课程思政中的参与程度和表现，包括课堂讨论、小组合作、提问与回答问题的情况，以及在课堂互动中的合作精神、表达能力等。

社会实践与活动参与。评价学生是否能够积极参与社会实践活动和校园活动，是否能够将所学知识应用于实践中，同时考察其在活动中的团队合作能力、组织协调能力等。

反馈与评价。评价学生对课程思政的反馈与评价，包括对教学内容、教学方法、教师评价等方面的意见和建议，以了解学生对课程思政的满意度和认可度。

（三）课程思政的教师发展评价

课程思政的教师发展评价应从思政理论素养、教学能力、思政元素挖掘与整合能力、师生关系与互动能力、教学反思与改进能力以及团队合作与交流能力等方面展开，以全面了解教师在课程思政中的发展和表现。这些方面的评价，可以为进一步提高教师的思政素养和教学能力提供参考和指导。同时，这些评价可以为学校制订教师培训和发展计划提供依据，以促进教师在课程思政方面的持续成长和发展。

思政理论素养。评价教师是否具备良好的思政理论素养，是否能够深入理解和贯彻党的教育方针，掌握马克思主义基本原理和中国特色社会主义理论体系，并能够将其运用到课程思政的教学实践中。

教学能力。评价教师在课程思政中的教学能力，包括课程设计、教学组织、教学方法、课堂管理等方面的能力。评价教师是否能够根据学生的认知规律和学习特点进行课程设计，采用恰当的教学方法开展教学，并有效地进行课堂管理，确保良好的教学秩序。

思政元素挖掘与整合能力。评价教师是否能够深入挖掘课程中的思政元素，并将其与课程内容有机整合，实现知识传授与价值引领的有机结合。评价教师是否能够把握思政元素与学科知识的内在联系，将其融入课程教学中，使学生能够在学习知识的同时接受思想教育。

师生关系与互动能力。评价教师在课程思政中与学生的关系以及互动能力。评价教师是否能够建立良好的师生关系，关注学生的个体差异和情感需求，尊重学生的主体地位，与学生建立积极的互动关系。评价教师是否能够鼓励学生提问、讨论和交流，培养学生的批判性思维和独立思考能力。

教学反思与改进能力。评价教师是否具备教学反思和改进的能力，是否能够对课程思政的教学过程进行反思和总结，发现教学中的不足之处，并积极采取措施加以改进。评价教师是否能够持续更新教学理念和方法，不断优化课程思政的教学效果。

团队合作与交流能力。评价教师在课程思政中的团队合作和交流能力。评价教师是否能够与其他教师积极合作，共同开展课程思政的教学改革和研究，分享经验和资源。评价教师是否能够积极参与校内外的学术交流活动，了解最新的教育教学研究和成果，并将其应用于课程思政的教学实践中。

第三节　课程思政评价反馈与优化

课程思政评价反馈与优化是一个持续的过程，主要包括以下几点。第一，评价结果分析。对课程思政评价结果进行分析，总结优点和不足，找出存在的问题和改进方向。第二，反馈意见收集。通过问卷调查、学生访谈、教师交流等方式，收集学生、教师和家长等对课程思政的反馈意见和建议。第三，对比分析。将课程思政评价结果与其他类似课程或同行业学校的思政课程进行对比，找出自身的优势和不足，进一步明确改进方向。第四，制订改进计划。根据评价结果和反馈意见，制订具体的改进计划，包括优化教学内容、改进教学方法、加强师资培训等方面。第五，实施改进措施。按照制定的改进计划，积极落实各项改进措施，包括更新教学材料、调整教学策略、加强实践教学等。第六，监督与评估。在实施改进措施的过程中，要加强对实施效果的监督和评估，及时发现问题并采取相应措施进行修正和调整。第七，总结经验教训。对课程思政评价反馈与优化过程中遇到的问题和取得的成效进行总结，形成经验教训，为今后的课程思政教学提供借鉴和参考。第八，持续改进。课程思政评价反馈与优化是一个持续的过程，要不断关注评价结果和反馈意见，及时调整和改进教学策略和方法，以实现课程思政的持续改进和提高。

课程思政评价反馈与优化的主体包括教师个人反馈优化、同行专家反馈与优化、学校领导反馈与优化、授课对象反馈与优化、教学团队反馈与优化。

一、教师个人反馈与优化

教师个人反馈与优化是教师发展的重要环节。通过不断反思、总结、改进和提高，教师可以在课程思政的教学实践中不断成长和发展，提高教育教学水平和质量。同时，教师个人反馈与优化可以为学校制订教师培训和发展计划提供依据，以促进教师在课程思政方面的持续成长和发展。

（一）反思教学理念

教师需要对自身的教育理念进行深入反思，反思自己的教育理念是否符合课程思政的要求，是否真正贯彻了“以学生为中心”的理念，是否关注学生的全面发展。如有不足，需要及时调整教学理念，做到与时俱进。

（二）总结教学内容

教师需要对思政元素与学科知识的融合情况进行总结，即思政元素与学科知识是否做到了自然融入、有机融合，是否达到了知识传授与价值引领的有机结合。如有不当之处，教师需要对教学内容进行优化，提高思政教育的针对性。

（三）改进教学方法

教师需要审视自身的教学方法是否得当，是否能够调动学生的积极性，是否有利于培养学生的综合素质。如有问题，教师需要积极探索新的教学方法，注重启发式教学、探究式教学等多样化教学方式的应用，增强学生的学习体验和思政意识。

（四）加强师生互动

教师需要关注与学生的互动情况，即师生之间是否能够建立良好的关系，教师是否能够尊重学生的主体地位，鼓励学生提问、讨论和交流。如有不足，教师需要加强与学生的互动，注重培养学生的独立思考能力和批判性思维。

（五）关注学生反馈

教师需要重视学生的反馈意见，了解学生对课程思政的满意度和认可度，以及学生对自身教学的评价。如有不足，教师需要积极与学生沟通交流，了解学生的需求和期望，及时调整教学策略。

（六）参与团队研讨

教师需要积极参与校内外的学术交流活动和团队研讨，了解最新的教育动态，并将其应用于课程思政的教学实践中。同时，与其他教师积极合作，共同开展课程思政的教学改革和研究，分享经验和资源。

（七）持续学习与发展

教师需要不断更新教学理念和方法，持续提高自身的思政素养和教学能力。通过参加培训、学术会议、在线学习等方式，不断扩展知识面和提升技能水平，为课程思政的教学改革提供源源不断的动力。

二、同行专家反馈与优化

同行专家反馈与优化是一个重要的环节。通过同行专家的评价反馈，教师可以更好地了解自身的优势和不足，进而优化教学方法和策略，提高课程思政的教学质量和效果。同时，同行专家的评价也可以为教师培训计划的制订提供参考依据，促进教师在课程思政方面的持续成长和发展。

（一）教学内容整合度

同行专家对教师能否很好地把思政元素与学科知识有机融合，选取恰当的教学内容进行评价。同时，同行专家要关注教学内容是否具有时代性、思想性、教育性，是否能够培养学生的综合素质。

（二）教学方法创新性

同行专家对教师能否采用创新的教学方法，如案例教学、情景模拟、小组讨论等进行评价。同时关注教师是否能够调动学生的积极性和主动性，提高学生的课堂参与度和学习效果。

（三）课堂氛围营造

同行专家对教师能否关注学生的情感需求和个性差异，营造积极向上、宽松和谐的课堂氛围进行评价。同时，关注教师是否能够与学生建立良好的师生关系，促进学生的全面发展。

（四）教学过程组织

同行专家对教师能否有序组织教学过程，合理安排教学环节，注重教学节奏的把握和教学进度的控制进行评价。同时，关注教师是否能确保教学目标的顺利实现。

（五）思政元素融合方式

同行专家对教师在课堂教学中融合思政元素的方式是否恰当、自然进行评价。同时，关注教师是否能够将思政元素与学科知识有机融合，避免生搬硬套或牵强附会。

（六）学生参与度与学习效果

同行专家通过观察学生的课堂参与情况和学习效果对其进行评价。同时，关注学生在课堂上的提问与回答的积极性、小组合作中的表现等，以检验课程思政的实际效果和质量。

（七）教师思政素养与教学能力

同行专家对教师的思政理论素养和教学能力进行评价。同时，关注教师对思政理论的理解和运用能力、教学策略的选择与实施能力、课堂管理的能力等，以反映教师在课程思政中的主导作用和教学水平。

（八）反馈与改进

同行专家对教师能否对课程思政的教学过程进行反思和总结，发现教学中的不足之处并积极采取措施加以改进进行评价。同时，关注教师是否能持续更新教学理念和方法，不断优化课程思政的教学效果。

三、学校领导反馈与优化

学校领导反馈与优化是推进课程思政工作的重要环节。通过学校领导的反馈与指导，高校可以更好地落实办学理念、加强教学管理、提高教学质量、促进教师专业发展等方面的工作，推动课程思政向更高水平发展。同时，学校领导的反馈与优化可以为制订教师和学生发展计划提供参考依据，促进全校师生在课程思政方面的共同成长和发展。

（一）办学理念贯彻

学校领导对课程思政的办学理念是否符合社会主义核心价值观，是否贯彻党的教育方针，是否关注学生的全面发展等方面进行评价。同时，关注课程思政是否体现学校的文化特色和办学理念。

（二）教学管理落实

学校领导对课程思政的教学管理是否规范、科学、有序进行评价。关注学校是否建立健全的思政教育管理制度，是否能确保课程思政的教学质量和效果。

（三）教师队伍建设

学校领导对课程思政的教师队伍建设情况进行评价。同时，关注教师队伍的思政理论素养和教学能力是否符合课程思政的要求，是否能够满足学生的学习需求。同时，关注教师是否能积极参与课程思政的教学改革和学术研究。

（四）教学质量监控

学校领导对课程思政的教学质量监控体系进行评价。同时，关注学校是否建立健全的教学质量监控机制，是否能及时发现和解决教学中存在的问题。同时，关注教师是否能积极参与教学质量监控，并及时调整教学策略和方法。

（五）学生综合素质提升

学校领导通过观察学生的综合素质表现对其进行评价。同时，关注学生在课程思政中的学习效果和综合素质提升情况，如思想道德素质、人文素养、批判性思维、创新精神等方面是否有提升。

（六）德育工作实效性

学校领导对课程思政的德育工作实效性进行评价。同时，关注课程思政是否能够有效地培养学生的社会主义核心价值观和爱国主义精神，是否能促进学生的全面发展。

（七）家校合作与社区资源利用

学校领导对课程思政的家校合作和社区资源利用情况进行评价。同时，关注学校是否能积极与家长、社区合作，共同推进思政教育，是否能有效利用社区资源丰富课程思政的内容和形式。

（八）反馈与改进

学校领导对课程思政的评价结果进行反思和总结，发现存在的问题并积极采取措施加以改进。同时，关注教师和学生对课程思政的反馈意见和建议，以促进课程思政的持续改进和提高。

四、授课对象反馈与优化

授课对象反馈与优化是提高教学质量和效果的重要环节。教师通过收集学生的反馈意见和建议，可以对教学过程进行全面的反思和改进，提高教学质量和效果。同时，也可以为制订教学计划和改进方案提供参考依据，促进课程思政的持续发展和进步。

授课对象反馈与优化是指通过对授课对象进行调查、访谈等方式，收集他们对课程思政的评价意见和建议，进而对教学过程进行反思和改进。以下是几个具体的方面。

（一）教学内容与需求匹配度

了解学生对课程思政的教学内容是否感兴趣，是否认为教学内容与他们的学习需求相匹配。如果存在不匹配的情况，需要进一步了解原因，并考虑调整教学内容或方式。

（二）教学方法适应性

调查学生对课程思政所采用的教学方法是否适应，是否能够满足他们的学习需求。如果存在不适宜的情况，需要探索新的教学方法，以便更好地激发学生的学习兴趣和提高教学效果。

（三）思政元素接受度

了解学生对课程思政所涉及的思政元素是否能够接受和理解。如果存在困难或误解，需要进一步改进思政元素的呈现方式和加大解释力度。

（四）学习效果与收获

通过调查和访谈了解学生在课程思政中的学习效果和收获，包括知识掌握、价值观塑造、综合素质提升等方面。根据学生的反馈，对教学策略和效果进行评估，并寻找改进方向。

（五）教师表现与态度

了解学生对课程思政中教师的表现和态度是否满意，包括教师的专业素养、教学能力、课堂氛围营造等方面。根据学生的反馈，对教师的教学水平和态度进行评估，并督促教师进行改进和提高。

（六）课堂互动与学生参与度

了解学生在课程思政中的课堂互动和参与情况，包括提问、讨论、小组合作等方面的表现。根据学生的反馈，评估课堂氛围和学生学习参与度，并寻找提高课堂互动和学生参与度的策略。

（七）作业与考核方式

调查学生对课程思政的作业和考核方式是否满意，是否认为作业和考核方式能够科学、客观地评价他们的学习成果。根据学生的反馈，对作业和考核方式进行改进，以更好地反映学生的学习成果和水平。

（八）总体评价与建议

通过调查和访谈了解学生对课程思政的总体评价和建议，包括对教学过程、效果、教师表现等方面的评价和建议。根据学生的反馈，对课程思政进行全面的反思和改进，以提高教学质量和效果。

五、教学团队反馈与优化

教学团队反馈与优化是提高教学质量和效果的重要环节。通过教学团队成员的反馈与交流，教师可以对教学过程进行全面的反思和改进，提高教学质量和效果。

教学团队反馈与优化是指通过对教学团队成员进行调查、访谈等方式，收集他们对课程思政的评价意见和建议，进而对教学过程进行反思和改进。以下是几个具体的方面。

（一）教学内容设计与整合

教学团队成员对课程思政的教学内容设计是否合理、整合是否得当进行评价。同时，探讨其是否能够更好地挖掘学科教学中的思政元素，并有机融入教学内容中，以实现知识传授与价值引领的有机结合。

（二）教学方法创新与实践

教学团队成员对课程思政所采用的教学方法是否得当、创新性如何进行评价。同时，探讨其是否能够进一步改进教学方法，如案例教学、情景模拟、小组讨论等，以激发学生的学习兴趣和主动性，提高教学效果。

（三）教师合作与交流

教学团队成员之间进行合作与交流，分享各自在课程思政中的教学经验、方法和心得。通过互相学习、互相借鉴，促进团队成员之间的共同成长和提升教学水平。

（四）教学能力提升与培训

教学团队成员对自身的教学能力进行评估和反思，探讨其是否需要进一步改进和提高。同时，根据团队成员的需求和实际情况，开展相关的培训和学习活动，提高团队成员的教学能力和素质。

（五）课堂氛围营造与学生互动

教学团队成员对课堂氛围的营造和学生互动情况进行评估和反思。同时，探讨其如何更好地关注学生的情感需求和个性差异，营造积极向上、宽松和谐的课堂氛围，促进师生之间的良好互动。

（六）教学资源整合与共享

教学团队成员对课程思政的教学资源整合和共享情况进行评估和反思。同时，探讨其是否能够进一步优化教学资源配置，实现资源共享和最大化利用，提高教学效果和资源利用效率。

（七）教学效果评估与改进

教学团队成员对课程思政的教学效果进行评估和反思，探讨其是否需要对教学过程进行改进和完善。同时，关注学生的学习效果和综合素质发展情况，寻找改进方向和措施。

（八）反馈与持续改进

教学团队成员对课程思政的评价结果进行反思和总结，发现存在的问题并积极采取措施加以改进。同时，关注教师和学生对课程思政的反馈意见和建议，以促进课程思政的持续改进和提高。

第五章　基于高校教师视角的课程思政调查研究

调查高校教师课程思政状况的意义非常重大，它对于推动思政教育的改进与发展、提升教师的思政教育能力，以及优化学生的学习体验等方面都具有重要作用。第一，了解思政教育实施现状。通过调查，人们可以全面了解高校教师在课程思政教学中的实际情况，包括教学内容、教学方法、教学资源使用等方面，从而把握思政教育在课程教学中的渗透程度和实施效果。第二，发现教学中存在的问题与不足。调查可以帮助人们发现课程思政教学中存在的问题和不足，如教师对思政教育内容的理解不够深入、教学方法单一、教学资源不足等。这些问题和不足是改进思政教育的重要依据。第三，提升教师的思政教育能力。通过调查，教师可以更加清晰地认识到自己在课程思政教学中的优势和不足，从而有针对性地提升自己的思政教育能力。这包括深入理解思政教育目标、丰富教学内容、创新教学方法等。第四，优化学生的学习体验。了解教师的课程思政状况，可以帮助学校和教育管理部门更好地指导学生进行学习，提供符合学生需求的思政教育资源和课程。这有助于优化学生的学习体验，增强学生对思政教育的认同感和参与感。第五，推动思政教育改革与创新。调查结果为思政教育改革与创新提供了数据支持和实证依据。基于调查结果，高校可以制定更加科学、合理的思政教育改革方案，推动思政教育在教学内容、教学方法、教学资源等方面的创新。

第一节　高校教师课程思政调查问卷编制

2020 年教育部印发的《高等学校课程思政建设指导纲要》指出，教师是课程思政实施的关键环节。要把教师参与课程思政建设情况和教学效果作为教师考核评价、岗位聘用、评优奖励、选拔培训的重要内容。

王郢、方癸椒、尹杨认为，对于课程思政的评价应关注教师对于课程思政的理解、挖掘和教学。具体来说，教师在教学设计时挖掘了什么样的课程思政元素？这些元素的质量如何？这些思政元素是如何融入专业课教学中的？是自然而然的有机融入还是生拉硬配的机械性插入？其融入效果是否能够达到预期目标？这些问题应该成为对教师“课程思政教学”评价的关注点。据此，对教师的课程思政评价包括教师课程思政的意识、教师课程思政内容挖掘和教师课程思政教学融入设计三个方面。具体的评价内容见表 5-1。①

① 王郢，方癸椒，尹杨．课程思政评价的实践逻辑[J]．齐齐哈尔大学学报（哲学社会科学版），2022（8）：146-149.

表 5-1　教师课程思政评价的维度与内容

课程思政意识	对课程思政内涵的把握（对文件要求、思政内容本身的理解程度）
	对知识的理解（对专业知识、专业精神的理解程度）
思政元素挖掘	思政元素的准确性（表述是否规范？是否准确？）
	思政元素的时效性（是否紧贴时事？是否符合国家宣传要求？）
	思政元素的特色性（是否与其他课程的思政元素有所区别？是否有创新性？）
	思政元素与专业知识的联系程度（是形式上的联系还是由专业知识内生？）
	思政元素的适度性（数量是否过多或过少？）
思政元素融入	情境创设的真实性
	情境创设的层次性是否符合学生认知水平
	情境创设是否具有新意
	教学是否有效呈现了思政元素
	思政元素是否促进了学生对专业知识的理解
	教案中是否设计了可行的课程思政评价方案

根据王郢等学者的观点，本研究编制了《高校教师课程思政调查问卷》，确定了课程思政意识、思政元素挖掘、思政元素融入三个维度，量表采用的是李克特五点量表（1 完全不符合；2 不符合；3 一般；4 符合；5 完全符合），量表采用从“1 分”到“5 分”的五等级计分法，分数越高，表明高校教师课程思政水平越高。通过预试（35 个题项），本研究对问卷进行了项目分析、因子分析及效度分析，最终确定了正式问卷的 18 个题项。

一、项目分析

项目分析采用了极端组比较（t 检验）决断值（t 值）大于 3 和积差相关系数大于 0.3 的标准来筛选题目。符合这些标准的题目被保留，不符合的则被删除。

极端组比较（t 检验）：对 233 个预试样本进行高低分组，对两组进行独立样本 t 检验。分析显示，题目 A9、B9、C5 以及 C9 的决断值（t 值）分别为 1.552、1.649、0.448 和 0.456，未达到大于 3 的标准，因此被排除。

积差相关：分析每个题目与总分的相关性，高相关性意味着题目与整体量表的相似性较高。经过分析，除了 A9、B9、C5 和 C9，其他题目均符合相关系数大于 0.3 的标准，因此被保留。具体分析见表 5-2。

表 5-2　项目分析结果摘要

维度	题项	决断值 t	相关系数	备注
课程思政意识	A1	9.198***	0.752***	保留
	A2	9.137***	0.774***	保留
	A3	7.273***	0.670***	保留
	A4	7.971***	0.700***	保留
	A5	6.760***	0.715***	保留
	A6	9.672***	0.783***	保留
	A7	5.466***	0.593***	保留
	A8	7.968***	0.752***	保留
	A9	1.552	0.089	删除
	A10	8.155***	0.757***	保留
思政元素挖掘	B1	6.115***	0.583***	保留
	B2	8.099***	0.735***	保留
	B3	7.163***	0.694***	保留
	B4	8.296***	0.740***	保留
	B5	6.616***	0.672***	保留
	B6	7.429***	0.691***	保留
	B7	8.000***	0.721***	保留
	B8	6.429***	0.667***	保留

续　表

维度	题项	决断值 t	相关系数	备注
思政元素挖掘	B9	1.649	0.071	删除
	B10	6.374***	0.605***	保留
	B11	7.223***	0.685***	保留
思政元素融入	C1	9.248***	0.797***	保留
	C2	8.466***	0.771***	保留
	C3	8.165***	0.759***	保留
	C4	5.070***	0.660***	保留
	C5	0.448	0.004	删除
	C6	6.333***	0.657***	保留
	C7	7.134***	0.713***	保留
	C8	9.452***	0.711***	保留
	C9	0.456	0.023	删除
	C10	7.997***	0.707***	保留
	C11	7.246***	0.644***	保留
	C12	6.676***	0.630***	保留
	C13	7.912***	0.683***	保留
	C14	6.920***	0.722***	保留

注：*P < 0.05，**P < 0.01，***P < 0.001。

二、因子分析

项目分析完成后，为检验量表的建构效度，需要进行因子分析。因子分析的目的在于找出量表潜在结构，减少题项的数目，使之变成一组数量较少而彼此密切相关的量。此种因素分析是一种探索性因素分析方法，在建构时，提取方法为主成分法，旋转方法为最大方差旋转法。

在进行因子分析之前，需要分析研究数据是否适合进行因子分析，经分析，数据的 KMO（Kaiser-Meyer-Olkin）为 0.964，大于 0.8，满足因子分析的前提要求，意味着数据可用于因子分析研究。并且，数据通过了巴特利特（Bartlett）球形检验（P 值小于 0.05），说明数据适合进行因子分析。具体分析见表 5-3。

表 5-3　KMO 和 Bartlett 的检验

KMO 和 Bartlett 的检验		
KMO 值		0.964
Bartlett 球形度检验	近似卡方	5081.423
	df	465
	P 值	00.000

本研究数据使用最大方差旋转法进行旋转，以便找出因子和研究项的对应关系，通常选择因子载荷值超过 0.5 的才能够证明因子同时能够解释许多变量信息。因子分析结果初始特征值大于 1 的有三个，分别是 9.723、1.722、1.381。也就是说，因子分析将这些题目分成了 3 个因子，与原设计相符。从旋转后的成分矩阵来看，课程思政意识集结在第 1 因子，思政元素挖掘集结在第 2 因子，思政元素融入集结在第 3 因子，删题后的成分旋转矩阵如表 5-4 所示。

另由表 5-4 可知，高校教师课程思政调查问卷因素分析的 18 个题项的共同性介于 0.579 和 0.864 之间。另外，因子载荷量介于 0.647 和 0.818 之间，共提取三个因子。第 1 个因子特征值为 9.723，旋转后的解释变异量为 25.48%；第 2 个因子的特征值为 1.722，旋转后的解释变异量为 22.92%；第 3 个因子的特征值为 1.381，旋转后的解释变异量为 22.85%；总解释量为 71.26%，符合 50% 以上的标准，也表示这 18 个题项能解释 71.26% 的高校教师课程思政情况，具有不错的效度。

表 5-4　因子分析摘要

因子	题目	特征值	旋转后成分矩阵			共同性（公因子方差）	旋转后解释变异量 /%	信度
			1	2	3			
课程思政意识	A1	9.723	0.808			0.775	25.48	0.938
	A2		0.844			0.844		
	A4		0.775			0.713		
	A6		0.776			0.763		
	A8		0.765			0.743		
	A10		0.775			0.762		
课程思政元素挖掘	B3	1.722		0.791		0.731	22.92	0.900
	B5			0.784		0.706		
	B6			0.682		0.623		
	B7			0.722		0.675		
	B8			0.691		0.597		
	B11			0.789		0.723		
课程思政元素融入	C1	1.381			0.818	0.864	22.85	0.909
	C7				0.758	0.722		
	C8				0.647	0.601		
	C10				0.723	0.671		
	C11				0.746	0.641		
	C14				0.727	0.672		
						总方差解释变异量 /%	71.26	
							总信度 折半信度	0.949 0.884

注：$^*P < 0.05$，$^{**}P < 0.01$，$^{***}P < 0.001$。

三、信度分析

量表的信度主要依据克隆巴赫 Alpha 系数（内部一致性）来评估，该系数反映了量表是否科学可靠。克隆巴赫 Alpha 系数主要集中于 0 和 1 之间，当克隆巴赫 Alpha 系数超过 0.9 时，说明该量表具有极高的信度；当克隆巴赫 Alpha 系数位于 0.7（可等于）和 0.9 之间，则表示该量表信度较好，可以进行研究；当克隆巴赫 Alpha 系数位于 0.6(可等于）和 0.7 之间，表示量表信度可以接受，如果量表 Alph 系数小于 0.6，表明问卷信度较差，不可直接用于研究，需要对其进行修改调整。

对保留 18 个题项的量表进行信度分析：问卷整体的克隆巴赫 Alpha 系数为 0.949，大于 0.9，说明该量表具有极高的信度；折半系数（斯皮尔曼 – 布朗系数）为 0.884，位于 0.7（可等于）和 0.9 之间，则表示该量表信度较好。各维度的克隆巴赫 Alpha 系数如下：课程思政意识维度是 0.938、思政元素挖掘维度是 0.900、思政元素融入维度是 0.909，均大于 0.9，说明各分量表也具有极高的信度。依据文献与因子分析结果，将 3 个因子分别命名为课程思政意识、课程思政挖掘与思政元素融入。具体分析见表 5-4。

四、正式问卷

经过项目分析、因子分析、信度分析后编制成正式问卷，量表题项如表 5-5 所示。

表 5-5　正式问卷题项

维度	题项	题干
课程思政意识	A1	我会主动关注教育部门发布的相关课程思政文件。
	A2	我会主动将《高等学校课程思政建设指导纲要》等课程思政文件精神贯彻于教学之中。

续 表

维度	题项	题干
课程思政意识	A4	我注重结合专业培育学生家国情怀。
	A6	我注重结合专业培育学生宪法法治意识。
	A8	我主动了解课程思政的相关理论。
	A10	我主动建设（申报）课程思政示范课程。
思政元素挖掘	B3	我选择的思政元素贴近时事。
	B5	我选择的思政元素与其他课程的思政元素有所区别。
	B6	我选择的思政元素与所授课程紧密结合。
	B7	我选择的思政元素与所教专业紧密结合。
	B8	我选择的思政元素数量适中。
	B11	我撰写教案时会单列思政元素的相关内容。
思政元素融入	C1	我课程思政情境创设真实性强。
	C7	我选择的课程思政元素自然而然地有机融入教学。
	C8	我选择的课程思政元素生拉硬配地机械性插入教学。（反向）
	C10	我注重结合专业融入“政治认同”思政元素。
	C11	我注重结合专业融入“家国情怀”思政元素。
	C14	我注重结合专业融入“道德修养”思政元素。

第二节 高校教师课程思政调查分析

依据精心编制的问卷，本书对高校教师课程思政状况进行了调查，并对回收的大量数据进行了严谨的分析处理，致力呈现高校教师课程思政实施的现状，细致剖析在不同维度（年龄、教龄、学历或学位、职称、专业、所在高校招生层次、主要所教年级、每周任课时数等）下教师实施课程思政的现状与差异，以此来深入洞察当前高校教师在推进课程思政工作中的实施情况、面临的挑战与取得的进步。

一、研究过程

（一）调查对象

本研究以山东省高校教师为调查对象，采取目的抽样与随机抽样相结合的方法抽取高校教师并对其进行问卷调查。本次调查共回收问卷 1280 份，其中有效问卷 1214 份，有效率为 95%。调查对象基本信息见表 5-6.

表 5-6　调查对象基本信息

维度		频数 / 人	有效百分比 / %
性别	男	513	42.3
	女	701	57.7
年龄	30 岁及以下	85	7.0
	31 ～ 35 岁	227	18.7
	36 ～ 40 岁	206	17.0
	41 ～ 45 岁	296	24.4
	46 ～ 50 岁	185	15.2
	51 岁及以上	215	17.7
教龄	4 年及以下	277	22.8
	5 ～ 10 年	209	17.2
	11 ～ 20 年	393	32.4
	21 ～ 30 年	249	20.5
	31 年及以上	86	7.1

续　表

维度		频数 / 人	有效百分比 / %
学历或学位	博士研究生	617	50.8
	硕士研究生	505	41.6
	本科	92	7.6
职称	正高级	134	11.0
	副高级	446	36.7
	中级及以下	634	52.2
专业	文学、历史学、哲学类	102	8.4
	经济学、管理学、法学类	206	17.0
	教育学	103	8.5
	理学、工学类	391	32.2
	农学	108	8.9
	医学	133	11.0
	艺术	171	14.1
所在高校招生层次	博士研究生	563	46.4
	硕士研究生	336	27.7
	本科	259	21.3
	专科	56	4.6
主要所教年级	大学一年级	276	22.7
	大学二年级	402	33.1
	大学三年级	394	32.5
	大学四年级	113	9.3
	研究生	29	2.4

续 表

维度		频数 / 人	有效百分比 / %
每周任课时数	10 节及以下	778	64.1
	11 ～ 16 节	330	27.2
	17 ～ 20 节	82	6.8
	21 节及以上	24	2.0

（二）调查过程

将编制好的量表输入问卷星平台，形成调查问卷，向高校教师发放问卷的二维码及网址，高校教师打开问卷进行作答，统一指导语，作答时间 15 分钟左右。问卷作答完毕后，运用 SPSS27.0 数据分析软件对有效问卷进行分析处理。

正式问卷调查的整体克隆巴赫 Alpha 系数为 0.940，折半系数（斯皮尔曼 – 布朗系数）为 0.913，均大于 0.9，说明量表具有极高的信度。

二、结果分析

（一）总体状况

根据吴明隆所主张的标准，[①] 五点量表平均数高低程度组距如下：1.8 以下为低等程度，1.81 ～ 2.60 为中下程度，2.61 ～ 3.40 为中等程度，3.41 ～ 4.20 为中上程度，4.21 以上为高等程度。

通过分析发现，高校教师课程思政总体得分为 4.13（±0.55），为中上程度。各维度得分由高到低情况如下：课程思政元素挖掘 4.19（±0.60），课程思政意识 4.11（±0.65），课程思政元素融入 4.07（±0.56），均为中上程度。整体来看，高校教师在课程思政元素融入维度得分较低，具体分析见表 5–7。

① 吴明隆．社会科学论文写作与量化研究 [M]．重庆：重庆大学出版社，2022：148.

表 5-7　高校教师课程思政总体状况（M ± SD），n=1214

课程思政意识	课程思政元素挖掘	课程思政元素融入	总体
4.11 ± 0.65	4.19 ± 0.60	4.07 ± 0.56	4.13 ± 0.55

通过 t 检验与方差分析发现：高校教师课程思政在教龄、专业、所在高校招生层次、周任课学时等维度上存在显著差异；在性别、年龄、学历或学位、职称、主要所教年级等维度上无显著差异。

（二）教龄差异

石雷山、高峰强将教龄分为 4 年及以下、5 ～ 10 年、11 ～ 20 年、21 ～ 30 年、31 年及以上五组。[①] 本研究依据以上观点将教龄进行分组。

本研究采用单因素方差对教龄变量进行差异分析，经方差齐性检验发现，教龄变量在课程思政意识、课程思政元素挖掘、课程思政元素融入维度上呈现方差齐性，具有同质性。其中，课程思政元素挖掘、课程思政元素融入维度存在显著差异，课程思政意识维度差异不显著。通过事后检验发现，在课程思政元素挖掘维度上，教龄 5 ～ 10 年高校教师显著低于 21 ～ 30 年、4 年及以下、11 ～ 20 年高校教师，教龄 21 ～ 30 年、4 年及以下高校教师显著高于 31 年及以上、5 ～ 10 年高校教师；在课程思政元素融入维度上，教龄 5 ～ 10 年高校教师显著低于 21 ～ 30 年、11 ～ 20 年高校教师，教龄 21 ～ 30 年高校教师显著高于 5 ～ 10 年、4 年及以下高校教师。总体来看，高校教师课程思政在教龄变量上，教龄 21 ～ 30 年高校教师较高，教龄 5 ～ 10 年高校教师较低。具体分析见表 5-8。

① 石雷山，高峰强．影响教师职业倦怠的多层变量之间的关系 [J]. 心理发展与教育，2010，26（5）：521-526.

表 5-8　高校教师课程思政教龄差异（M ± SD）

教龄	课程思政意识	课程思政元素挖掘	课程思政元素融入	总体
4 年及以下（n=277）	4.14 ± 0.67	4.22 ± 0.62	4.03 ± 0.54	4.13 ± 0.56
5 ～ 10 年（n=209）	4.00 ± 0.68	4.10 ± 0.63	4.01 ± 0.57	4.04 ± 0.58
11 ～ 20 年（n=393）	4.15 ± 0.62	4.22 ± 0.57	4.11 ± 0.55	4.16 ± 0.53
21 ～ 30 年（n=249）	4.14 ± 0.62	4.22 ± 0.54	4.14 ± 0.54	4.17 ± 0.52
31 年及以上（n=86）	4.08 ± 0.69	4.08 ± 0.67	4.02 ± 0.62	4.06 ± 0.62
F 值	2.101	2.574*	2.505*	2.306

注：$^*P<0.05$，$^{**}P<0.01$，$^{***}P<0.001$。

（三）专业差异

教育部印发的《高等学校课程思政建设指导纲要》中，第五部分将专业分为文学历史学哲学类、经济学管理学法学类、教育学类、理学工学类、农学类、医学类、艺术学类等七大类，本研究按此对高校教师专业进行分类。

本研究采用单因素方差对专业变量进行差异分析，经方差齐性检验发现，专业变量在课程思政意识、课程思政元素挖掘、课程思政元素融入维度上呈现方差齐性，具有同质性。其中，课程思政元素挖掘、课程思政元素融入维度存在显著差异，课程思政意识维度差异不显著。通过事后检验发现，在课程思政元素挖掘维度上，文史哲专业高校教师显著低于农学、艺术学、经管法、理工专业高校教师，农学专业高校教师显著高于文史哲、教育学、医学、理工、经管法专业高校教师；在课程思政元素融入维度上，农学专业高校教师显著高于教育学、文史哲、医学、理工、艺术学专业高校教师。总体来看，高校教师课程思政在专业变量上，农学专业高校教师较高（达到高等程度），文史哲专业高校教师较低。具体分析见表 5-9。

表 5–9　高校教师课程思政专业差异 (M ± SD)

专业	课程思政意识	课程思政元素挖掘	课程思政元素融入	总体
文史哲（*n*=102）	3.94 ± 0.61	4.11 ± 0.57	4.04 ± 0.55	4.03 ± 0.54
经管法（*n*=206）	4.12 ± 0.67	4.24 ± 0.60	4.11 ± 0.57	4.16 ± 0.57
教育学（*n*=103）	4.01 ± 0.64	4.10 ± 0.57	4.00 ± 0.54	4.04 ± 0.53
理工（*n*=391）	4.12 ± 0.65	4.16 ± 0.62	4.04 ± 0.58	4.11 ± 0.57
农学（*n*=108）	4.30 ± 0.50	4.27 ± 0.47	4.23 ± 0.49	4.27 ± 0.45
医学（*n*=133）	4.07 ± 0.66	4.24 ± 0.56	4.04 ± 0.54	4.12 ± 0.54
艺术学（*n*=171）	4.16 ± 0.68	4.19 ± 0.60	4.09 ± 0.55	4.16 ± 0.58
F 值	3.442**	1.698	2.227*	2.407*

注：*P < 0.05，**P < 0.01，***P < 0.001。

（四）招生层次差异

采用单因素方差对所在高校招生层次变量进行差异分析，经方差齐性检验发现，所在高校招生层次变量在课程思政意识、课程思政元素挖掘、课程思政元素融入维度上呈现方差齐性，具有同质性。其中，课程思政意识、课程思政元素挖掘维度存在显著差异，课程思政元素融入维度差异不显著。通过事后检验发现，在课程思政意识维度上，专科学校教师显著低于本科、硕士研究生、博士研究生高校教师，本科学校教师显著高于专科、博士研究生高校教师；在课程思政元素挖掘维度上，专科学校教师显著低于本科、硕士研究生、博士研究生高校教师。总体来看，高校教师课程思政在所在高校招生层次变量上，本科学校教师较高，专科学校教师较低。具体分析见表 5–10。

表 5-10　高校教师课程思政所在高校招生层次差异 (M ± SD)

招生层次	课程思政意识	课程思政元素挖掘	课程思政元素融入	总体
博士研究生（*n*=563）	4.09 ± 0.65	4.18 ± 0.60	4.06 ± 0.57	4.11 ± 0.55
硕士研究生（*n*=336）	4.13 ± 0.67	4.19 ± 0.61	4.10 ± 0.56	4.14 ± 0.57
本科（*n*=259）	4.21 ± 0.61	4.26 ± 0.57	4.10 ± 0.54	4.19 ± 0.53
专科（*n*=56）	3.85 ± 0.59	4.00 ± 0.56	3.93 ± 0.48	3.93 ± 0.49
F 值	5.248***	3.199*	2.070	3.928**

注：*P < 0.05，**P < 0.01，***P < 0.001。

（五）周任课学时差异

采用单因素方差对周任课学时变量进行差异分析，经方差齐性检验发现，周任课学时变量在课程思政意识、课程思政元素挖掘、课程思政元素融入维度上呈现方差齐性，具有同质性。其中，课程思政元素融入维度存在显著差异，课程思政意识、课程思政元素挖掘维度差异不显著。通过事后检验发现，在课程思政元素融入维度上，周任课学时为 17 节及以上高校教师显著高于 10 节及以下、11 ～ 16 节高校教师。总体来看，高校教师课程思政在周任课学时变量上，周任课学时为 17 节及以上高校教师较高（达到高等程度），周任课学时为 10 节及以下高校教师较低。具体分析见表 5-11。

表 5-11　高校教师课程思政周任课学时差异 (M ± SD)

周任课学时	课程思政意识	课程思政元素挖掘	课程思政元素融入	总体
10 节及以下（*n*=778）	4.11 ± 0.64	4.18 ± 0.59	4.06 ± 0.56	4.11 ± 0.55
11 ～ 16 节（*n*=330）	4.10 ± 0.64	4.19 ± 0.57	4.07 ± 0.53	4.12 ± 0.53
17 节及以上（*n*=106）	4.20 ± 0.70	4.27 ± 0.67	4.20 ± 0.60	4.22 ± 0.60
F 值	0.972	1.231	3.015*	1.808

注：*P < 0.05，**P < 0.01，***P < 0.001。

第三节　高校教师课程思政水平提升策略

通过问卷分析可以发现，教龄为5～10年的教师课程思政水平较低，文史哲专业的教师课程思政水平较低，专科学校教师的课程思政水平较低，周任课学时为10节及以下教师的课程思政水平较低。接下来，本书将针对上述问题提出相对应的提升对策。

一、基于教龄的高校教师课程思政水平提升对策

调查显示，教龄5～10年的高校教师课程思政水平较低，下面，本书将针对上述问题提出教龄5～10年高校教师课程思政水平提升对策。

（一）提高课程思政意识

1.加强理论学习和思想引领

组织教龄5～10年高校教师深入学习课程思政的相关理论和要求，使其充分认识到课程思政在高等教育中的重要性。引导教师关注时事政治，了解国家大政方针，提高政治觉悟和思想认识。鼓励教师参加课程思政相关的学术研讨会、培训班等活动，拓宽视野，提升理论素养。

2.提升教师教学能力和方法

组织教龄5～10年的高校教师进行教学能力提升培训，学习先进的教学理念和方法，提高教学效果。鼓励教师开展课程思政相关的教学研究和实践，探索适合本学科、本课程的思政元素融入方式。推广优秀教师的课程思政教学经验和案例，为其他教师提供借鉴和参考。

3. 加强团队合作和交流

建立教龄 5 ～ 10 年的高校教师课程思政教学团队，鼓励教师之间开展合作和交流，共同推进课程思政建设。定期举办教师课程思政教学经验分享会、座谈会等活动，促进教师之间的互动和学习。加强与其他高校或相关机构的合作和交流，借鉴先进的课程思政教学经验和做法。

（二）重视课程思政元素挖掘

1. 加强课程思政理念的宣传和培训

通过举办讲座、研讨会等形式，向教龄 5 ～ 10 年的高校教师普及课程思政的核心理念和价值观，帮助他们深入理解课程思政的内涵和要求。

2. 提供具体的教学指导和案例分享

组织经验丰富的教师分享他们在课程思政元素挖掘方面的成功经验和教学方法，为其他教龄 5 ～ 10 年的高校教师提供具体的指导和参考。

3. 鼓励教师进行教学研究和创新

鼓励教龄 5 ～ 10 年的高校教师结合自己的教学实践，开展课程思政相关的教学研究项目，探索有效的课程思政元素挖掘方法和教学策略。

4. 建立良好的教学交流和合作机制

搭建教龄 5 ～ 10 年的高校教师之间的交流平台，促进他们在教学经验、教学方法等方面的分享和合作，共同提升课程思政元素挖掘的能力。

（三）增强课程思政教学创新精神

1. 提供持续的专业发展机会

定期组织培训和研讨会，帮助教龄 5 ～ 10 年的高校教师更新课程思政相关的知识和技能，提升他们的教学创新能力。

2. 完善评估和激励机制

建立科学、公正的评估机制，将教学改革成果作为教师晋升和评价的重要指标，同时提供适当的奖励和激励，鼓励教龄 5 ～ 10 年的高校教师进行教学创新。

3. 减轻教学压力和工作量

合理安排教学任务，减轻教龄 5 ～ 10 年高校教师的工作负担，为他们留出更多的时间和精力进行教学创新。

4. 营造良好的教学创新氛围

鼓励教龄 5 ～ 10 年的高校教师分享教学创新经验和成果，组织教学创新竞赛和展示活动，营造积极向上的教学创新氛围。

（四）重视学科知识储备

1. 持续更新和深化学科知识

定期组织学科知识更新培训：参加学科领域的最新研究成果和进展的培训，确保教龄 5 ～ 10 年高校教师的学科知识始终与前沿研究保持同步。鼓励自主学习和学术研究：教师个人应积极投入时间和精力，通过阅读最新文献、参加学术会议等方式，不断深化和扩展自己的学科知识。

2. 加强跨学科知识融合

推广跨学科课程设计和教学方法：鼓励教师打破学科壁垒，将不同学科的知识和方法融合在一起，形成综合性的课程体系。建立跨学科交流和合作平台：通过组织跨学科研讨会、项目合作等方式，促进不同学科教师之间的交流和合作，共同提升课程思政水平。

3. 加强课程思政元素与学科知识融合

加强结合学科知识挖掘课程思政元素的培训：使教龄 5 ～ 10 年高校教师掌握更多有效的结合学科知识进行课程思政元素挖掘的方法，如发展脉络挖掘法、关联热点挖掘法等。开展课程思政教学设计指导：通过案例分析、教学示范等方式，帮助教师更好地将思政元素融入学科知识教学中，提升教学效果。

（五）解决职业发展初期的困惑

1. 明确职业发展规划和目标

鼓励教龄 5 ～ 10 年的高校教师进行自我反思和职业规划，明确自己的长远发展目标和短期行动计划。提供职业咨询服务，帮助教师了解自己的优势和不足，制定合理的职业发展规划。

2. 加强教学能力和课程思政意识培养

组织针对性的教学培训，提升教龄 5 ～ 10 年高校教师的教学设计和教学评价能力。举办课程思政研讨会或工作坊，加深教师对课程思政理念的认识和理解。邀请经验丰富的教师进行示范教学或分享教学经验，为职业发展初期的教师提供借鉴和参考。

3. 建立教师互助成长机制

成立教龄 5 ～ 10 年高校教师成长互助小组，为职业发展初期的教师提供科学素质教学指导和帮助。定期组织教师课程思政教学交流分享活动，帮助教师共同解决在课程思政方面遇到的困惑和挑战。建立教师激励机制，对在互助成长活动中表现突出的教师进行表彰和奖励。

二、基于专业的高校教师课程思政水平提升对策

调查显示，文史哲专业高校教师课程思政水平较低。针对此问题，本书提出文史哲专业高校教师课程思政水平提升对策。

（一）增强文史哲专业高校教师课程思政意识

1. 加强思政理论学习与培训

组织专题学习：针对文学、历史学、哲学类专业高校教师，组织专题学习会，使其深入学习习近平总书记关于课程思政的重要论述，明确课程思政的重要性和意义。开展培训研讨：定期举办课程思政教学研讨班或培训班，邀请思政教学专家或优秀教师分享经验，引导教师深入理解课程思政的内涵和要求。

2. 增强创新课程思政教学方法意识

融合思政元素于课堂教学的意识：鼓励文史哲专业的高校教师在授课过程中自然融入思政元素，通过讲解、讨论、案例分析等方式，引导学生思考并树立正确的价值观。开展跨学科课程思政教学：鼓励文史哲专业的高校教师与其他专业教师合作，共同开发跨学科课程思政教学资

源，形成教学合力。

3. 增强教师之间的交流与合作意识

组织文史哲专业高校教师交流会：定期举办教师交流会，鼓励文学、历史学、哲学类专业高校教师分享课程思政教学经验和心得，共同提升课程思政教学水平。建立教师合作机制：建立教师合作机制，鼓励不同专业的教师之间开展合作研究、共同开发课程思政教学资源等，形成课程思政教学的良好氛围。

（二）根据文史哲专业特点，融入思想政治教育

1. 挖掘文史哲专业课程中的思想政治教育元素

分析社会主义核心价值观在文学作品中的体现，引导学生思考文学与社会的关系。在历史课程中讲述革命历史、英雄事迹等，培养学生的爱国主义情感和民族精神。在哲学课程中探讨马克思主义哲学原理，引导学生树立正确的世界观、人生观和价值观。

2. 创新文史哲专业教学方法，提高思想政治教育的效果

采用案例教学、情景模拟等教学方法，让学生在实践中体验和感悟思想政治教育内容。利用多媒体教学资源，如视频、图片等，增强课堂的生动性和趣味性，提高学生的学习兴趣。开展课堂讨论、小组合作等互动活动，鼓励学生积极参与，发表自己的观点和看法。

3. 发挥文史哲专业高校教师的示范引领作用，提升自身的思想政治素质

文史哲专业的高校教师要不断提高自身的思想政治素质，树立正确的政治立场和观点。教师要以身作则，用自己的言行影响和感染学生，发挥示范引领作用。教师要积极参与学校的思想政治教育活动，与同行交流经验，共同提高思想政治教育水平。

（三）探讨专业知识与思想政治教育相结合的有效途径

1. 加强学科交叉与融合

鼓励文学、历史学、哲学类专业的高校教师与其他学科的教师进行合作与交流，共同探索将专业知识与思想政治教育相结合的有效途径。

通过学科交叉与融合，教师可以拓宽视野，寻找专业知识与思想政治教育的结合点。

2. 创新教学方法与手段

尝试将思想政治教育的教学方法与手段引入文学、历史学、哲学类学科的教学中，如案例分析、情景模拟、社会实践等。这些方法可以增强学生的参与度和体验感，促进专业知识与思想政治教育的有机结合。

3. 强化思政意识与责任

引导文学、历史学、哲学类专业的高校教师认识到思想政治教育的重要性，强化他们的思政意识与责任。鼓励教师在专业教学中融入思政元素，培养学生的社会责任感和公民意识。

（四）多措并举，提高文史哲专业高校教师对课程思政的认识

1. 加强课程思政理念宣传与教育

学校可以组织专门的课程思政理念宣讲会，向文史哲专业高校教师深入介绍课程思政的内涵、意义和重要性。邀请课程思政实践经验丰富的教师分享经验和案例，激发其他教师的兴趣和动力。通过校内媒体、网站等渠道，定期发布课程思政相关资讯和文章，提高教师的认知度和关注度。

2. 提供系统化的课程思政培训

学校可以组织专门的课程思政培训班，邀请专家学者进行授课，系统介绍课程思政的理论和实践方法。培训内容应涵盖课程思政的理念、教学设计、实施策略、评价方法等方面，确保文史哲专业高校教师全面掌握课程思政的核心要素。鼓励文史哲专业高校教师参加校外的课程思政培训和学习活动，拓宽视野，汲取新的经验和知识。

3. 建立课程思政教学研究与交流平台

学校可以设立课程思政教学研究团队或教研组，为文史哲专业的高校教师提供交流和合作的平台。定期组织课程思政教学研讨会、经验交流会等活动，鼓励教师分享教学心得和案例，共同探讨课程思政的最佳

实践方式。建立课程思政教学资源库，共享优质的教学资源和案例，方便文史哲专业高校教师进行教学参考和借鉴。

三、基于招生层次的教师课程思政水平提升对策

调查显示，专科院校教师的课程思政水平较低。针对此问题，本书提出专科院校教师课程思政水平提升对策。

（一）培养课程思政意识

1.明确课程思政的重要性与意义

高校应组织专题讲座或研讨会，向专科院校教师深入阐释课程思政的内涵、目的及其在学生成长过程中的重要性。通过案例分享，展示课程思政在专科层次教育中的实际应用与成效，激发教师参与的积极性和主动性。

2.强化教师的思想政治教育培训

为专科院校教师提供专门的思想政治教育培训，包括党的路线方针政策、社会主义核心价值观等内容。鼓励教师参加相关课程思政的研修班、研讨会，拓宽视野，增强课程思政教学的能力。

3.将课程思政融入专科课程教学

鼓励专科院校教师在课程设计中融入思政元素，如案例分析、角色扮演等，使课程内容与思政目标相结合。挖掘专科课程中的思想政治教育资源，如职业道德、职业素养等，使学生在学习专业知识的同时，提升思政素养。

4.加强跨学科合作与交流

鼓励专科院校教师与其他学科的教师进行合作与交流，共同探索课程思政的最佳实践方式。通过跨学科合作，将课程思政理念融入不同学科的教学中，形成协同效应，提升课程思政的整体效果。

（二）挖掘课程思政元素

1. 找出课程内容与思政目标的结合点

专科院校教师应深入研究专科课程内容，找出与思政目标相关的结合点，如职业道德、职业素养、社会责任等。分析课程内容中蕴含的思政元素，思考如何将其融入教学，使学生在学习专业知识的同时，培养正确的价值观和道德观念。

2. 挖掘课程中的历史、文化和社会背景

专科课程往往涉及某一行业或领域的知识和技能，教师可以挖掘这些知识和技能背后的历史、文化和社会背景，引入相关的思政元素。通过介绍行业的发展历程、文化传承和社会责任等方面，引导学生认识专业知识与社会发展的紧密联系，培养他们的社会责任感和职业道德。

3. 关注社会热点问题和时事政治

专科院校教师应关注当前社会热点问题和时事政治，将其与专科课程内容相结合，引导学生进行分析和讨论。通过引导学生关注社会问题、思考解决方案，培养他们的批判性思维和社会责任感，同时强化他们的国家意识和民族自豪感。

（三）明确学科定位与教学重点

1. 明确专科院校学科定位与特色

专科院校教师应明确专科层次的学科定位，突出其应用性和职业性特点。专科教育旨在培养具备特定职业技能和职业素养的人才，因此学科定位应强调实践性和职业导向。在明确学科定位的基础上，高校应进一步凝练专科层次的学科特色，使其与社会需求和产业发展紧密对接。通过加强与行业、企业的合作，了解行业发展趋势和人才需求，不断优化专科课程体系和教学内容。

2. 调整教学重点，强化课程思政元素

专科院校教师应根据专科层次的教育目标和学科特点，调整教学重点，强化课程思政元素。在专科课程教学中，教师应注重培养学生的职业道德、职业素养和社会责任感等思政素养。教师可以结合课程内容，深入挖掘思政元素，通过案例分析、角色扮演等教学方法，将思想政治教育与专业知识传授相结合，使学生在学习专业知识的同时，提升思政素养和综合能力。

（四）提高专科院校教师对课程思政的认识

1. 加强培训与宣传教育

定期组织课程思政培训，邀请专家学者或思想政治教育领域的优秀教师进行授课，向专科院校教师深入阐释课程思政的内涵、目的及其在专科教育中的重要性。通过校内宣讲、研讨会等形式，广泛宣传课程思政的理念和实践案例，提高教师对课程思政的认识和重视程度。

2. 制定课程思政教学指南与标准

制定详细的课程思政教学指南，明确教学目标、教学内容、教学方法和评价方式等，为专科院校教师提供具体的参考和指导。建立课程思政教学的评价标准，将思政元素融入课程评价中，激励教师更加注重课程思政教学。

3. 鼓励专科院校教师参与课程思政实践与研究

鼓励专科院校教师积极参加与课程思政相关的实践活动，如组织专题讲座、社会实践、志愿服务等，使教师在实践中深化对课程思政的理解。支持教师进行与课程思政相关的课题研究，推动教师在研究过程中不断提升对课程思政的认识和理解。

四、基于周任课学时的高校教师课程思政水平提升对策

调查显示，周任课学时为 10 节及以下的高校教师思政水平较低。针对此问题，本书提出周任课学时为 10 节及以下的高校教师课程思政水平提升对策。

（一）提高课程思政元素融入水平

1.强化课程思政理念

加强宣传教育：通过校内培训、研讨会等形式，向周任课学时为10节及以下的高校教师深入宣传课程思政的理念和重要性，强化他们的课程思政意识。明确教学要求：在教学大纲和教案中明确要求融入课程思政元素，使教师在备课时就有意识地考虑如何将思政内容融入课堂。

2.提升思政元素融入能力

开展专题培训：针对周任课学时为10节及以下的高校教师，开展专门的课程思政融入能力培训，提供具体的教学方法和案例，帮助他们更好地将思政元素融入课程中。鼓励跨学科合作：鼓励这部分教师与思政课教师或其他专业教师合作，共同研究如何将思政元素更好地融入各自的教学中。

3.优化教学设计与实践

挖掘课程内在思政元素：引导周任课学时为10节及以下的高校教师深入挖掘所授课程中的思政元素，如文学作品中的道德启示、历史事件中的民族精神等，使课程内容与思政元素有机结合。创新教学方法：鼓励教师采用案例分析、角色扮演、小组讨论等多样化的教学方法，增强学生对思政内容的理解和认同。

4.加强监督与指导

定期监督检查：定期对周任课学时为10节及以下的高校教师的课程进行抽查，检查课程思政元素的融入情况，确保教学要求得到落实。提供指导帮助：对于在课程思政元素融入方面存在困难的教师，为其提供针对性的指导和帮助，促进他们不断提升课程思政教学水平。

（二）提高课程思政教学热情

1.认识课程思政的重要性

加强理念宣导：通过校内培训、研讨会等形式，明确课程思政在现代高等教育中的重要地位和作用，使周任课学时为10节及以下的高校教师深刻认识到思政教学的意义和价值。强调教育使命：强调高校教师作为培养社会主义事业建设者和接班人的重要使命，激发周任课学时为10节及以下的高校教师的责任感和使命感，从而增强他们对课程思政的热情。

2. 提供教学支持与资源

提供教学资源：为周任课学时为10节及以下的高校教师提供丰富的教学资源，如思政教学案例库、多媒体教学素材等，帮助他们减轻备课压力，提高教学效率。搭建交流平台：建立课程思政教学交流平台，鼓励教师分享教学经验、教学方法和教学资源，形成良好的教学氛围和合作机制。

3. 营造良好的教学氛围

教学交流：组织定期的教学交流活动，让周任课学时为10节及以下的高校教师在分享中互相学习，共同成长。教学研讨：鼓励周任课学时为10节及以下的高校教师参与课程思政的教学研讨，促进教学创新和方法更新。

（三）合理规划、利用课程思政时间

1. 优化教学设计，增加课程思政时间

提前规划：鼓励周任课学时为10节及以下的高校教师在学期开始之前，就明确课程思政的教学目标和内容，制订详细的教学计划，科学安排课程思政时间。整合内容：将思政元素与专业知识有机结合，避免生硬插入，使课程内容更加流畅和连贯。

2. 合理利用课程思政时间，增强课程思政效果

利用技术手段：如使用多媒体教学、网络教学平台等，提高教学效率，节省时间。精心备课：周任课学时为10节及以下的高校教师应充分准备每一堂课，确保课堂上的每一分钟都能被有效利用。

3. 合理安排个人时间

时间管理：帮助周任课学时为10节及以下的高校教师制订合理的时

间管理计划，确保他们有足够的时间投入课程思政的教学中。优先级设定：明确哪些任务是优先的，哪些可以稍后处理，从而更加高效地利用时间。

（四）鼓励教师参与课程思政实践

1. 明确参与课程思政实践的意义

宣传教育：通过校内会议、研讨活动等形式，向周任课学时为10节及以下的高校教师宣传课程思政实践的重要性，强调其对于提升教学质量、培养学生综合素质的积极作用。案例分享：邀请在课程思政实践中取得显著成效的教师分享经验和成果，激发其他周任课学时为10节及以下的高校教师的参与热情。

2. 提供实践机会与平台

设立实践项目：结合教师的学科特点和课程内容，设立专门的课程思政实践项目，为周任课学时为10节及以下的高校教师提供实践机会。搭建实践平台：建立课程思政实践基地或实验室，为周任课学时为10节及以下的高校教师提供实践场所和设施，促进理论与实践的结合。

3. 加强实践指导与支持

组建指导团队：组建由思政专家和学科教师组成的指导团队，为周任课学时为10节及以下的高校教师提供实践过程中的指导和帮助。提供资源支持：为周任课学时为10节及以下的高校教师提供实践所需要的教材、教学案例、教学资源等，确保实践活动的顺利进行。

第六章 基于大学生视角的课程思政效果调查研究

调查大学生课程思政状况的意义重大。第一，了解学生对思政教育的接受程度。通过调查，人们可以深入了解大学生对课程思政内容的接受程度，从而评估思政教育的效果。这有助于人们了解学生在思政教育过程中的认知、情感和行为表现，进而优化教学内容和方法。第二，发现思政教育中存在的问题与不足。调查可以揭示学生在接受思政教育过程中遇到的问题和困难，如课程内容枯燥、教学方法单一等。这些问题和不足的发现，为改进思政教育提供了重要依据，有助于人们更好地满足学生的需求和期望。第三，促进学生全面发展。思政教育在大学生全面发展中起着至关重要的作用。通过调查，人们可以了解学生在思政教育中的成长和变化，评估思政教育对学生价值观、道德观和世界观的影响。这有助于人们更好地发挥思政教育在促进学生全面发展中的作用。第四，优化课程设计和教学方法：调查结果可以为课程设计和教学方法的优化提供重要参考。人们可以根据学生的反馈和需求，调整课程内容和教学方法，使其更加符合学生的特点和需求，提高思政教育的吸引力和实效性。

第一节　大学生视角课程思政效果调查问卷编制

2020年5月28日，教育部印发的《高等学校课程思政建设指导纲要》指出，课程思政建设内容要紧紧围绕坚定学生理想信念，以爱党、爱国、爱社会主义、爱人民、爱集体为主线，围绕政治认同、家国情怀、文化素养、宪法法治意识、道德修养等重点优化课程思政内容供给。

本书根据《高等学校课程思政建设指导纲要》编制了《大学生视角的课程思政调查问卷》，确定了政治认同、家国情怀、文化素养、法治意识、道德修养五个维度，量表采用的是李克特五点量表（1完全不符合；2不符合；3一般；4符合；5完全符合），量表采用从“1分”到“5分”的五等级计分法，分数越高，表明高校教师的课程思政水平越高。通过预试（53个题项），对问卷进行项目分析、因子分析及效度分析，本书确定了正式问卷的32个题项。

一、项目分析

项目分析采用了极端组比较（t检验）决断值（t值）大于3和积差相关系数大于0.3的标准来筛选题目。符合这些标准的题目被保留，不符合的则被删除。

极端组比较（t检验）：对565个预试样本进行高低分组，对两组进行独立样本t检验。分析显示，53个题项决断值（t值）均大于3，因此予以保留。

积差相关：分析了每个题目与总分的相关性，高相关性意味着题目与整体量表的相似性较高。经过分析，53 个题项均符合相关系数大于 0.3 的标准，因此被保留。具体分析见表 6–1。

表 6–1　项目分析结果摘要

维度	题项	决断值 t	相关系数	备注
政治认同	A1	26.246***	0.657***	保留
	A2	26.281***	0.633***	保留
	A3	18.972***	0.783***	保留
	A4	19.035***	0.788***	保留
	A5	17.697***	0.788***	保留
	A6	14.709***	0.775***	保留
	A7	13.608***	0.754***	保留
	A8	13.427***	0.764***	保留
	A9	14.135***	0.787***	保留
	A10	13.618***	0.796***	保留
家国情怀	B1	21.727***	0.708***	保留
	B2	11.485***	0.778**	保留
	B3	13.733***	0.791***	保留
	B4	11.631***	0.789***	保留
	B5	14.746***	0.834***	保留
	B6	19.057***	0.806***	保留
	B7	14.101***	0.792***	保留
	B8	11.110***	0.769***	保留
	B9	13.277***	0.776***	保留
	B10	12.154***	0.757***	保留
	B11	13.922***	0.784***	保留

续　表

维度	题项	决断值 *t*	相关系数	备注
家国情怀	B12	15.333***	0.805***	保留
文化素养	C1	23.366***	0.780***	保留
	C2	25.479***	0.777***	保留
	C3	25.450***	0.772***	保留
	C4	18.272***	0.821***	保留
	C5	14.853***	0.831***	保留
	C6	13.102***	0.817***	保留
	C7	13.904***	0.810***	保留
	C8	20.700***	0.805***	保留
	C9	18.005***	0.834***	保留
	C10	23.731***	0.733***	保留
	C11	19.845***	0.724***	保留
法治意识	D1	24.341***	0.765***	保留
	D2	12.146***	0.769***	保留
	D3	14.452***	0.816***	保留
	D4	12.388***	0.788***	保留
	D5	12.238***	0.778***	保留
	D6	12.038***	0.768***	保留
	D7	17.861***	0.737***	保留
	D8	15.121***	0.769***	保留
	D9	12.805***	0.786***	保留
	D10	13.479***	0.809***	保留
道德修养	E1	20.125***	0.818***	保留
	E2	19.121***	0.831***	保留

续 表

维度	题项	决断值 t	相关系数	备注
道德修养	E3	20.354***	0.868***	保留
	E4	16.570***	0.842***	保留
	E5	20.675***	0.758***	保留
	E6	20.701***	0.739***	保留
	E7	19.660***	0.770***	保留
	E8	21.508***	0.775***	保留
	E9	22.241***	0.771***	保留
	E10	19.718***	0.787***	保留

注：*P < 0.05，**P < 0.01，***P < 0.001。

二、因子分析

项目分析完成后，为检验量表的建构效度，需要进行因子分析。因子分析的目的在于找出量表潜在结构，减少题项的数目，使之变成一组彼此密切相关的量。此种因素分析是一种探索性因素分析方法。在建构时，提取方法是用主成分法，旋转方法是最大方差旋转法。

在进行因子分析前，需要分析研究数据是否适合进行因子分析，KMO 为 0.962，大于 0.8，满足因子分析的前提要求，意味着数据可用于因子分析研究。数据通过 Bartlett 球形检验度（P 值小于 0.05），说明数据适合进行因子分析。具体分析见表 6–2。

表 6-2　KMO 和 Bartlett 的检验

KMO 和 Bartlett 的检验		
KMO 值		0.962
Bartlett 球形度检验	近似卡方	24628.223
	df	496
	P 值	0.000

本研究数据使用最大方差旋转方法进行旋转，以便找出因子和研究项的对应关系，通常选择因子载荷值超过 0.5 的才能够证明因子能够解释许多变量信息。因子分析结果初始特征值大于 1 的有五个，分别是 19.209、2.750、1.858、1.505、1.119。也就是说，因子分析将这些题目分成了 5 个因子，与原设计相符。从旋转后的成分矩阵来看，政治认同集结在第 5 因子，家国情怀集结在第 1 因子，文化素养集结在第 2 因子，法治意识集结在第 3 因子，道德修养集结在第 4 因子，删题后的成分旋转矩阵如表 6–3 所示。

另由表 6–3 可知，大学生视角的课程思政调查问卷因素分析的 32 个题项的共同性介于 0.687 和 0.907 之间。另外，因子载荷量介于 0.584 和 0.817 之间，共提取五个因子。第 1 个因子的特征值为 1.119，旋转后的解释变异量为 13.70%；第 2 个因子特征值为 19.209，旋转后的解释变异量为 18.91%；第 3 个因子的特征值为 2.750，旋转后的解释变异量为 17.90%；第 4 个因子的特征值为 1.858，旋转后的解释变异量为 16.13%；第 5 个因子的特征值为 1.505，旋转后的解释变异量为 15.98%。总解释量为 82.63%，符合 50% 以上的标准，也表示这 32 个题项能解释 82.63% 的大学生视角的课程思政情况，具有不错的效度。

表 6-3　因子分析摘要

因子	题目	特征值	旋转后成分矩阵					共同性（公因子方差）	旋转后解释变异量 /%	信度
			1	2	3	4	5			
政治认同	A1	1.119					0.647	0.691	13.70	0.929
	A2						0.682	0.730		
	A3						0.771	0.887		
	A4						0.794	0.907		
	A5						0.776	0.895		
	A6						0.650	0.806		
家国情怀	B2	19.209	0.809					0.891	18.91	0.963
	B3		0.811					0.883		
	B4		0.812					0.907		
	B5		0.772					0.877		
	B7		0.742					0.802		
	B9		0.736					0.771		
	B10		0.699					0.729		
文化素养	C1	2.750		0.765				0.809	117.90	0.953
	C2			0.804				0.862		
	C3			0.786				0.846		
	C4			0.584				0.745		
	C8			0.730				0.808		
	C10			0.765				0.771		
	C11			0.725				0.721		

续 表

因子	题目	特征值	旋转后成分矩阵					共同性（公因子方差）	旋转后解释变异量/%	信度
			1	2	3	4	5			
法治意识	D2	1.858			0.773			0.847	16.13	0.962
	D3				0.638			0.781		
	D4				0.793			0.891		
	D5				0.803			0.895		
	D6				0.817			0.900		
	D9				0.643			0.804		
道德修养	E5	1.505				0.587		0.687	15.98	0.957
	E6					0.751		0.801		
	E7					0.773		0.851		
	E8					0.808		0.905		
	E9					0.781		0.864		
	E10					0.780		0.876		
								总方差解释变异量/%	82.63	
									总信度 折半信度	0.976 0.914

三、信度分析

量表的信度主要依据克隆巴赫 Alpha 系数（内部一致性）来评估，该系数反映了量表是否科学可靠。克隆巴赫 Alpha 系数主要集中在 0 到 1 之间，当克隆巴赫 Alpha 系数超过 0.9 时，说明该量表具有极高的信度；当克隆巴赫 Alpha 系数位于 0.7（可等于）和 0.9 之间，则表示该量表信度较好，可以进行研究；当克隆巴赫 Alpha 系数位于 0.6（可等于）和 0.7

之间，表示量表信度可以接受；如果量表 Alph 系数小于 0.6，表明问卷信度较差，不可直接用于研究，需要对其进行修改调整。

对保留 32 个题项的量表进行信度分析：问卷整体的克隆巴赫 Alpha 系数为 0.976，大于 0.9，说明该量表具有极高的信度；折半系数（斯皮尔曼－布朗系数）为 0.914，大于 0.9，也说明该量表具有极高的信度。各维度的克隆巴赫 Alpha 系数如下：政治认同维度是 0.929、家国情怀维度是 0.963、文化素养维度是 0.953、法治意识维度是 0.962、道德修养维度是 0.957，均大于 0.9，说明各分量表也具有极高的信度。依据文献与因子分析结果，将 5 个因子分别命名为政治认同、家国情怀、文化素养、法治意识、道德修养。具体分析见表 6–3。

四、正式问卷

经过项目分析、因子分析、信度分析后编制成正式问卷，量表题项如表 6–4 所示。

表 6–4　正式问卷题项

维度	题项	题干
政治认同	A1	我准确理解习近平新时代中国特色社会主义思想内涵
	A2	我全面了解习近平新时代中国特色社会主义思想内容
	A3	我坚定了中国特色社会主义道路自信
	A4	我坚定了中国特色社会主义理论自信
	A5	我坚定了中国特色社会主义制度自信
	A6	我认同中国的社会主义制度
家国情怀	B2	我为国家的繁荣昌盛感到自豪
	B3	我愿意为国家的发展贡献自己的智慧和力量
	B4	我热爱祖国的辽阔国土和大好河山

续 表

维度	题项	题干
家国情怀	B5	我自觉践行社会主义核心价值观
	B7	当听到国歌响起的时候，我会很激动
	B9	我对家乡有深厚的感情
	B10	我珍惜家庭
文化素养	C1	我对中华优秀传统文化有深刻理解
	C2	我对革命文化有深刻理解
	C3	我积极学习革命文化
	C4	我坚定了中国特色社会主义文化自信
	C8	我积极宣传和推广中华优秀传统文化
	C10	我喜欢革命时代的影视和文艺作品
	C11	我喜欢反映中华优秀传统文化的影视和文艺作品
法治意识	D2	我知道宪法是国家的根本大法
	D3	我树立了宪法至上的观念
	D4	我认识到宪法具有最高的法律地位
	D5	我认识到宪法具有最高的法律权威
	D6	我认识到宪法具有最高的法律效力
	D9	我在日常生活中严格遵守国家法律法规
道德修养	E5	当发现到不公正或不道德的现象时，我会主动维护正义
	E6	我有职业理想
	E7	我有职业道德
	E8	我有职业精神
	E9	我有职业品格
	E10	我有职业责任感

第二节 大学生视角课程思政效果调查分析

依据精心编制的问卷，本研究对大学生课程思政的实施状况进行了全面调查，并对收集到的大量数据进行了严谨的分析与处理。此次研究旨在深入剖析不同维度（包括性别、年龄、自评学业成绩、学段、政治面貌、专业、是否担任学生干部以及所在年级等）下大学生课程思政的现状与差异，从而全面洞察当前大学生课程思政的实施效果，为进一步优化思政教育提供参考。

一、研究过程

（一）调查对象

本研究以山东省高校大学生（本专科生、硕士研究生）为调查对象，采取目的抽样与随机抽样相结合的方法抽取高校大学生并对其进行问卷调查。本次调查共回收问卷 8511 份，其中有效问卷 8336 份，有效率为 98%。调查对象基本信息见表 6-5。

表 6-5 调查对象基本信息

维度		频数 / 人	有效百分比 / %
性别	男	2596	31.1
	女	5740	68.9

续 表

维度		频数 / 人	有效百分比 / %
年龄	18 岁及以下	1223	14.7
	19 岁	2259	27.1
	20 岁	1883	22.6
	21 岁	1417	17.0
	22 岁	748	9.0
	23 岁	300	3.6
	24 岁	216	2.6
	25 岁	169	2.0
	26 岁及以上	121	1.5
自评学业成绩	很差	162	1.9
	较差	343	4.1
	一般	4820	57.8
	较好	2535	30.4
	很好	476	5.7
学段	专科	274	3.3
	本科	7395	88.7
	硕士研究生	667	8.0
政治面貌	中共党员	466	5.6
	共青团员	5703	68.4
	群众	2167	26.0

续　表

维度		频数 / 人	有效百分比 / %
专业	文学、历史学、哲学类	1251	15.0
	经济学、管理学、法学类	2821	33.8
	教育学	569	6.8
	理学、工学类	2993	35.9
	农学	228	2.7
	医学	157	1.9
	艺术	317	3.8
担任学生干部情况	从未担任学生干部	2951	35.4
	课代表、小组长	719	8.6
	班委一般干部	1761	21.1
	班长、团支书	650	7.8
	院系学生会干事或委员	812	9.7
	院系学生会部长	310	3.7
	校级学生会干事或委员	188	2.3
	校级学生会部长、校院系学生会主席	178	2.1
	其他干部	767	9.2
所在年级	大学一年级	2316	27.8
	大学二年级	1511	18.1
	大学三年级	3447	41.4
	大学四年级	395	4.7
	研究生一年级	205	2.5
	研究生二年级	377	4.5
	研究生三年级	85	1.0

（二）调查过程

将编制好的量表输入问卷星平台，形成调查问卷，向大学生发放问卷的网址，大学生打开问卷进行作答，统一指导语，作答时间 10 分钟左右。问卷作答完毕后，运用 SPSS27.0 数据分析软件对有效问卷进行分析处理。

正式问卷调查的整体克隆巴赫 Alpha 系数为 0.985，折半系数（斯皮尔曼－布朗系数）为 0.943，均大于 0.9，说明量表具有极高的信度。

二、结果分析

（一）总体状况

根据吴明隆所主张的标准，[①] 五点量表平均数高低程度组距如下：1.8 以下为低等程度，1.81 ～ 2.60 为中下程度，2.61 ～ 3.40 为中等程度，3.41 ～ 4.20 为中上程度，4.21 以上为高等程度。

通过分析发现，大学生视角的课程思政总体得分为 4.71（±0.55），为高等程度。各维度得分由高到低情况如下：法治意识 4.80（±0.49），家国情怀 4.78(±0.50)，文化素养 4.70(±0.55)，道德修养 4.70(±0.55)，政治认同 4.57（±0.61），均为高等程度。整体来看，大学生视角的课程思政在政治认同维度得分较低，具体分析见表 6–6。

表 6–6　大学生视角的课程思政效果总体状况（M±SD），n=8336

政治认同	家国情怀	文化素养	法治意识	道德修养	总体
4.57±0.61	4.78±0.50	4.70±0.55	4.80±0.49	4.70±0.55	4.71±0.49

通过 t 检验与方差分析发现：大学生视角的课程思政在性别、专业、学段、自评学业成绩等维度上存在显著差异。

（二）性别差异

采用独立样本 t 检验对性别变量进行差异分析发现，大学生视角的

① 吴明隆．社会科学论文写作与量化研究 [M]. 重庆：重庆大学出版社，2022：148.

课程思政存在显著差异。性别变量在政治认同、家国情怀、文化素养、法治意识、道德修养维度，男生显著低于女生。总体来看，大学生视角的课程思政在性别变量上，女大学生得分较高，男大学生得分较低。见表 6.7。

表 6.7　大学生视角的课程思政效果差异 (M ± SD)

性别	政治认同	家国情怀	文化素养	法治意识	道德修养	总体
男（*n*=2596）	4.51 ± 0.71	4.71 ± 0.60	4.65 ± 0.64	4.74 ± 0.58	4.66 ± 0.63	4.65 ± 0.58
女（*n*=5740）	4.60 ± 0.55	4.80 ± 0.45	4.72 ± 0.51	4.82 ± 0.42	4.72 ± 0.52	4.73 ± 0.44
t 值	−6.400***	−7.149***	−4.752***	−6.633***	−4.154***	−6.323***

注：*P<0.05，**P<0.01，***P<0.001。

（三）专业差异

教育部印发的《高等学校课程思政建设指导纲要》中的第五部分将专业分为文学历史学哲学类、经济学管理学法学类、教育学类、理学工学类、农学类、医学类、艺术学类等七大类，本研究按此对高校教师专业进行分类。

本研究采用单因素方差对大学生专业变量进行差异分析，经方差齐性检验发现：专业变量在政治认同、家国情怀、文化素养、法治意识、道德修养维度呈方差不齐性，不具有同质性，需要进行平均值相等稳健性检验。本研究采用了布朗 – 福赛斯的统计检验法，当方差相等假设不成立时，此种统计方法优于 F 检验。通过平均值相等的稳健性检验发现，政治认同、家国情怀、文化素养、法治意识、道德修养维度均存在显著差异。

通过事后检验发现：在政治认同维度，教育学专业大学生显著低于农学、经管法、文史哲、理工、艺术专业大学生，经管法专业大学生显著高于教育学、医学、艺术、理工专业大学生；在家国情怀维度，教育学专业大学生显著低于农学、经管法、文史哲、理工专业大学生，经管法专业大学生显著高于教育学、理工、文史哲、医学专业大学生，农学专业大学生显著高于教育学、医学、艺术、理工专业大学生；在文化素养维度，教育学、医学专业大学生显著低于农学、艺术、经管法、文史哲、理工专业大学生；在法治意识维度，教育学、医学专业大学生显著低于农学、经管法、文史哲、理工专业大学生；在道德修养维度，教育学专业大学生显著低于农学、经管法、文史哲、艺术、理工专业大学生，医学专业大学生显著低于农学、经管法、文史哲专业大学生。总体来看，大学生视角的课程思政在专业变量上，农学专业大学生较高，教育学专业大学生较低，具体分析见表 6–8。

表 6–8 大学生视角的课程思政效果专业差异（M ± SD）

专业	政治认同	家国情怀	文化素养	法治意识	道德修养	总体
文史学（*n*=1251）	4.58 ± 0.62	4.77 ± 0.53	4.70 ± 0.55	4.81 ± 0.49	4.72 ± 0.55	4.72 ± 0.49
经管法（*n*=2821）	4.61 ± 0.56	4.80 ± 0.460	4.72 ± 0.52	4.83 ± 0.44	4.72 ± 0.53	4.74 ± 0.46
教育学（*n*=569）	4.42 ± 0.70	472 ± 0.54	4.59 ± 0.60	4.73 ± 0.53	4.59 ± 0.60	4.61 ± 0.52
理工（*n*=2993）	4.57 ± 0.61	4.76 ± 0.52	4.69 ± 0.57	4.78 ± 0.51	4.69 ± 0.57	4.70 ± 0.51
农学（*n*=228）	4.63 ± 0.61	4.83 ± 0.41	4.76 ± 0.49	4.84 ± 0.42	4.73 ± 0.50	4.76 ± 0.43
医学（*n*=157）	4.49 ± 0.68	4.70 ± 0.55	4.58 ± 0.64	4.69 ± 0.61	4.62 ± 0.61	4.61 ± 0.56
艺术（*n*=317）	4.54 ± 0.63	4.75 ± 0.49	4.73 ± 0.50	4.77 ± 0.46	4.69 ± 0.54	4.70 ± 0.47
F 值	8.004***	4.477***	6.070***	5.451***	5.151***	6.743***

注：*$P < 0.05$，**$P < 0.01$，***$P < 0.001$。

（四）学段差异

本研究采用单因素方差对学段变量进行差异分析，经方差齐性检验发现：所属学段变量在政治认同、家国情怀、法治意识、道德修养维度呈方差齐性，具有同质性。其中，政治认同、道德修养维度存在显著差异，家国情怀、法治意识维度差异不显著。文化素养维度呈方差不齐性，不具有同质性，通过平均值相等稳健性检验发现，文化素养维度均存在显著差异。

通过事后检验发现：在政治认同、文化素养维度，硕士研究生显著低于专科生、本科生；在道德修养维度，硕士研究生显著低于本科生。总体来看，大学生视角的课程思政在学段变量上，专科生较高，硕士研究生较低，具体分析见表 6–9。

表 6–9　大学生视角的课程思政效果学段差异 (M ± SD)

学段	政治认同	家国情怀	文化素养	法治意识	道德修养	总体
专科生（*n*=274）	4.62 ± 0.58	4.78 ± 0.49	4.73 ± 0.49	4.80 ± 0.44	4.67 ± 0.53	4.72 ± 0.44
本科生（*n*=27395）	4.58 ± 0.61	4.78 ± 0.50	4.70 ± 0.55	4.80 ± 0.49	4.70 ± 0.56	4.71 ± 0.49
硕士研究生（*n*=667）	4.52 ± 0.60	4.77 ± 0.48	4.63 ± 0.57	4.77 ± 0.50	4.65 ± 0.54	4.67 ± 0.80
F 值	3.293*	0.071	6.372**	1.316	3.075*	2.491

注：*$P < 0.05$，**$P < 0.01$，***$P < 0.001$。

（五）自评学业成绩差异

本研究采用单因素方差对大学生自评学业成绩变量进行差异分析，经方差齐性检验发现：专业变量在政治认同、家国情怀、文化素养、法治意识、道德修养维度呈方差不齐性，不具有同质性，通过平均值相等稳健性检验发现，政治认同、家国情怀、文化素养、法治意识、道德修养维度均存在显著差异。

通过事后检验发现：在政治认同、文化素养、道德修养维度，自评学业成绩很差、较差的大学生显著低于很好、较好、一般的大学生，自评学业成绩很好的大学生显著高于很差、较差、一般、很好的大学生；在家国情怀、法治意识维度，自评学业成绩很差、较差的大学生显著低于很好、较好、一般的大学生，自评学业成绩很好、较好的大学生显著高于很差、较差、一般的大学生。总体来看，大学生视角的课程思政在自评学业成绩变量上，由很差到很好逐步提高，具体分析见表 6-10。

表 6-10　大学生视角的课程思政效果自评学业成绩差异 (M ± SD)

自评学业成绩	政治认同	家国情怀	文化素养	法治意识	道德修养	总体
很差（n=162）	4.16 ± 1.16	4.49 ± 1.01	4.47 ± 0.96	4.58 ± 0.88	4.40 ± 0.98	4.42 ± 0.91
较差（n=343）	4.42 ± 0.69	4.66 ± 0.59	4.58 ± 0.66	4.70 ± 0.59	4.57 ± 0.66	4.59 ± 0.59
一般（n=4820）	4.53 ± 0.62	4.75 ± 0.53	4.67 ± 0.57	4.77 ± 0.51	4.66 ± 0.58	4.67 ± 0.51
较好（n=2535）	4.67 ± 0.49	4.85 ± 0.37	4.76 ± 0.46	4.86 ± 0.37	4.77 ± 0.45	4.78 ± 0.38
很好（n=476）	4.78 ± 0.53	4.87 ± 0.42	4.84 ± 0.47	4.88 ± 0.42	4.85 ± 0.45	4.84 ± 0.41
F 值	38.239***	23.562***	20.995***	20.162***	27.738***	31.316***

注：$^{*}P < 0.05$，$^{**}P < 0.01$，$^{***}P < 0.001$。

第三节　大学生视角课程思政水平提升策略

通过大学生课程思政调查发现，男大学生得分较低；专业为教育学、医学的大学生得分较低；硕士研究生得分较低自评学业成绩很差的大学生得分较低。针对上述问题，本书提出相对应的解决对策。

一、基于性别的大学生课程思政水平提升对策

调查显示，男大学生课程思政水平较低。针对此问题，本书提出男大学生课程思政水平提升对策。

（一）明确学习动机与端正学习态度

1. 提高对课程思政的重要性认识

明确阐述课程思政的概念，即通过将思想政治教育融入各类课程教学中，实现知识传授与价值引领的有机结合。同时，强调课程思政在培养男大学生社会责任感、历史使命感、国家认同感等方面的重要作用，使他们深刻认识到课程思政对个人成长和国家发展的重要意义。

2. 提高课程思政学习兴趣

通过小组讨论、角色扮演、辩论等形式，让男大学生积极参与课堂互动，发表自己的观点和看法，从而增强他们的参与感和主动性。引入与课程思政相关的实际案例，特别是那些与男性、男性社会角色、男性价值观等相关的案例，让男大学生在分析和讨论中深入理解思政内容，提高学习兴趣。

3. 克服功利主义倾向

关注社会热点问题和事件，将其与课程思政内容相结合，让男大学生在了解社会现象的同时，深入思考其背后的思政原理。引导男大学生将课程思政内容与个人成长、职业发展等实际问题相联系，使他们认识到思政学习对个人发展的重要性。

（二）完善课程思政内容与教学方法

1. 整合课程思政内容

将思政教育与专业学科知识相结合，展现专业知识与社会责任、历史使命的联系，使男大学生能够在学习专业知识的同时，增强社会责任感和历史使命感。

2. 创新教学方法

在通识教育、专业教育、实践教育等各类课程中融入思政元素，形成全员、全程、全方位的课程思政体系。运用讨论式、案例式、情景模拟等教学方法，增强课程思政的吸引力和实效性，使男大学生在积极参与中深化理解，提升思政素养。

（三）优化性别角色认知与适应成长阶段

1. 优化性别角色认知

在思政课程中加入性别平等教育内容，讲解性别平等的基本理论、相关法律法规，分析性别歧视现象及其危害，引导男大学生树立性别平等观念。选取与性别平等相关的社会热点、经典案例，组织男大学生对其进行深入剖析，探讨如何在实际生活中践行性别平等原则。在思政课堂或小组活动中，设计性别角色互换、情景模拟等环节，让男大学生亲身体验不同性别角色应负的责任和面临的挑战，增进对性别差异的理解和尊重。

2. 适应成长阶段

引导男大学生进行自我探索，了解自己的兴趣、能力、价值观，明确个人发展目标，增强学习动力。介绍各行业、职业的发展趋势和要求，帮助男大学生了解未来可能的职业路径，为其课程学习和职业选择提供参考。帮助男大学生更好地适应成长阶段，提高其在课程思政中的学习效果，培养其成为具有生涯规划意识、心理健康素质、法治观念、道德品质、实践能力、创新精神、性别平等意识的新时代大学生。

（四）营造良好的课程思政实施环境

1.社会舆论与价值观引领

社会舆论通常反映社会的主流价值观，如公平正义、诚实守信、尊老爱幼、爱国敬业等，这些价值观对男大学生的道德观念、行为规范有着深远影响。社会舆论中也可能存在一些负面价值观，如拜金主义、享乐主义、极端个人主义等，这些价值观会对男大学生的价值取向产生负面影响，教师需要通过课程思政对其进行批判和引导。社会舆论往往围绕热点事件展开，这些事件往往涉及道德伦理、法律政策、社会公正等问题，是课程思政的重要素材。教师可以通过分析热点事件，引导男大学生运用所学知识进行思考和判断，提高其思辨能力。社会舆论有时会出现反转现象，即公众对某一事件的看法会发生重大变化。教师可以通过分析舆论反转的原因，引导男大学生学会独立思考、理性判断，避免盲目跟风、人云亦云。

2.营造校园思政环境

学校应根据国家教育方针和相关政策，结合本校实际情况，制定详细的校园思政环境建设规划，明确目标、任务、措施和时间节点。定期举办思政主题报告会、讲座、论坛、展览、文艺演出等活动，丰富校园文化生活，传播正能量。利用校报、广播、电视、网站、微信公众号等媒体平台，以及宣传栏、电子屏、文化长廊等实体空间，大力宣传社会主义核心价值观，营造浓厚的思政氛围。

二、基于专业的大学生课程思政水平提升对策

调查显示，教育学专业的大学生课程思政水平较低。针对此问题，

本书提出教育学专业大学生课程思政水平提升对策。

（一）纠正专业认知偏差

1.认识教育学专业课程思政重点

《高等学校课程思政建设指导纲要》指出，教育学类专业课程要在课程教学中注重加强师德师风教育，突出课堂育德、典型树德、规则立德，引导学生树立学为人师、行为世范的职业理想，培育爱国守法、规范从教的职业操守，培养学生传道情怀、授业底蕴、解惑能力，把对家国的爱、对教育的爱、对学生的爱融为一体，自觉以德立身、以德立学、以德施教，争做有理想信念、有道德情操、有扎实学识、有仁爱之心的“四有”好老师，坚定不移走中国特色社会主义教育发展道路。体育类课程要树立健康第一的教育理念，注重爱国主义教育和传统文化教育，培养学生顽强拼搏、奋斗有我的信念，激发学生提升全民族身体素质的责任感。

2.教育学专业大学生应明确教师职业定位

教师是专业知识的传播者，应当具备扎实的专业知识和教学技能，能够准确、生动地讲授课程内容，激发学生的学习兴趣，满足学生的学习需求。教师是学生价值观形成的重要影响因素，应当具备高尚的道德情操和坚定的政治立场，能够通过言传身教，传递正确的价值观，引导学生树立正确的世界观、人生观、价值观。教师是学生学习的引路人，应当具备丰富的教学经验和教学方法，能够根据学生的特点和需求，为其提供个性化的学习指导，帮助学生掌握有效的学习策略，提高学习效率。教师是学生人格形成的重要影响因素，应当具备良好的人格魅力和人文素养，能够通过情感交流、心理辅导等方式，塑造学生的健全人格，培养学生的社会责任感和创新精神。

（二）优化教育学专业课程设置与教学方式

1.完善教育学专业课程体系

优化课程结构。在教育学专业课程体系中，将思政教育的基础课程

（如马克思主义理论、形势与政策、思想道德修养等）与专业课程（如教育学原理、教育心理学、教育法学、教育社会学等）有机融合，确保思政教育贯穿专业学习的全过程。必修课程与选修课程搭配，设置一定比例的思政教育必修课程，确保学生掌握基础的思政理论知识，同时，开设丰富的思政教育选修课程，如教育伦理、教育哲学、比较教育、教育改革与发展等，满足学生个性化、专业化的学习需求。丰富课程内容。紧扣时代脉搏，及时更新课程内容，紧密围绕党和国家的重大决策部署、社会热点问题、教育改革与发展等进行教学，使学生了解并关注社会现实，增强其社会责任感和使命感。融入本土特色。结合地域文化、民族特色、教育实践等，开发具有地方特色的思政教育课程，如地方教育史、民族文化与教育、乡村振兴与教育等，使学生在了解本土教育实践中深化思政认识。

2.创新教育学专业教学方式

线上线下结合。利用现代信息技术，开展线上线下混合式教学，如线上慕课学习、线下小组研讨、在线案例分析、远程实践教学等，增强课程的吸引力和实效性。理论实践一体化。推行“理论学习＋实践体验”的教学模式，组织学生参与思政主题的社会调查、志愿服务、教育实习等实践活动，将思政理论知识与教育实践紧密结合，提升其思政素养。。

（三）优化教育学专业师资力量与教学评价

1.提高教育学专业教师课程思政素养

教育学专业大学生课程思政的实施，依赖教师的专业素养。如果教师具备深厚的教育学理论功底、丰富的教育实践经验以及对思政教育的深刻理解和独特见解，那么他们能够在课程教学中准确、生动地传达思政教育理念，激发学生的学习兴趣，引导学生形成正确的价值观。教师的教学能力直接影响着课程思政的教学效果。如果教师能够灵活运用多种教学方法和手段，如案例分析、小组讨论、实地考察等，创设有利于学生自主学习、合作探究的学习环境，那么他们能够有效地调动学生的学习积极性，提高学生的学习效率，进而提升课程思政的教学效果。

2. 完善教育学专业教师评价体系与激励机制

构建多元评价体系：知识考核与能力评价相结合。在评价体系中既要考查学生对思政理论知识的掌握程度，也要注重对其思政实践能力、问题分析能力、价值判断能力等综合素质的评价。过程评价与结果评价并重。既要关注学生在课程思政学习过程中的参与度、态度、进步情况，也要重视最终的学习成果。自我评价与他人评价相辅相成。鼓励学生进行自我反思与评价，培养其自我教育能力；同时，引入教师评价、同伴互评、社会（实习单位、服务对象等）评价等多元主体评价，确保评价结果的公正性与客观性。强化激励机制：设立思政专项奖学金。设置专门针对课程思政表现优异的学生的奖学金，如“思政之星”奖学金、思政实践优秀奖等，以物质奖励激发学生对课程思政的重视和投入。纳入评优评先依据。将课程思政成绩作为学生评优评先（如三好学生、优秀毕业生、党员发展等）的重要参考依据，提升其在学生综合评价体系中的地位。提供实践锻炼与发展机会。优先推荐课程思政表现突出的学生参加各类思政实践活动（如社会实践、志愿服务、挂职锻炼）、思政课题研究、思政论坛等活动，为其提供更多的实践锻炼和专业发展机会。

（四）强化教育学专业实践教学，丰富第二课堂活动

1. 强化教育学专业实践教学环节

组织学生开展教育相关的社会调查，如教育公平、教育扶贫、教育改革等主题，让学生在实践中了解社会现实，培养其社会责任感；同时，鼓励学生参与教育志愿服务，如支教、助学、公益讲座等，提升其服务社会的能力。安排学生到各级各类学校进行教育实习或见习，亲身体验教育工作，将思政理论知识与教育实践紧密结合，提升其思政素养。在课堂上进行模拟教学演练，让学生扮演教师、学生、家长等角色，模拟解决教育实际问题；同时，选取具有思政教育价值的教育案例进行分析讨论，提升其思政分析和解决实际问题的能力。

2.丰富教育学专业第二课堂活动

邀请校内外专家学者、党政干部、优秀校友等进行思政主题讲座，如解读党的教育方针政策、剖析教育热点问题、分享教育实践经验等，拓宽学生的思政视野，提升其思政素养。组织学生开展思政主题研讨会，围绕特定思政议题进行深入研讨，培养其思政问题分析与解决能力。组织学生参观红色教育基地、爱国主义教育基地、历史文化遗址等，通过实地考察、现场讲解、互动体验等方式，增强其历史使命感和社会责任感。开展志愿服务、社区服务、支教助教等公益活动，让学生在服务社会、关爱他人中提升思政素养，培养其公民意识和社会责任感。

（五）端正教育学专业大学生学习态度，适应未来角色

1.端正教育学专业大学生学习态度

强化大学生对思政教育的重要性认识：加强思政教育宣传。通过校园广播、海报、讲座、新媒体等多种渠道，广泛宣传思政教育的重要性，让学生明白思政教育是培养社会主义建设者和接班人的重要途径，是提升自身综合素质、实现人生价值的必要条件。融入专业教育。在教育学专业课程中，强调思政教育与专业教育的内在联系，让学生认识到思政素养对于成为一名合格的教育工作者的重要性。激发学习兴趣与好奇心：丰富教学内容与形式。采用案例分析、情景模拟、小组讨论、实地考察等多元教学方法，将思政教育与现实生活、专业实践紧密结合，增强课程的吸引力和趣味性。挖掘思政教育资源。利用校内外优质思政教育资源，如红色教育基地、历史文化遗址、教育改革实践等，组织学生进行实地考察、现场教学，激发其学习兴趣和好奇心。

2.引导教育学专业大学生适应未来教师角色

强化教师职业认知：加强师德教育。通过思政教育，引导学生深刻理解教师的职业使命和职业道德，树立“学为人师、行为世范”的职业理想，形成良好的师德修养。提升教师专业素养。通过思政教育，让学生了解未来教师应具备的专业知识、教学技能、教育研究能力等，明确自身专业发展方向，提升专业素养。培养教师实践能力。加强教学实践，通过教育实习、模拟教学、微格教学等方式，让学生在真实的教学情境中锻炼教学能力，积累教学经验，提升教学实践能力。开展教育研究。鼓励学生参与教育课题研究、撰写教育论文、制作教育微课等，培养其教育研究能力，提升其教育创新能力。

三、基于学段的课程思政水平提升对策

调查显示，硕士研究生课程思政水平较低。针对此问题，本书提出硕士研究生课程思政水平提升对策。

（一）完善硕士研究生课程体系与内容设计

1. 明确课程目标，强化思政导向

在制定课程体系和内容时，应明确思政教育的目标，即培养研究生的社会主义核心价值观、职业道德和社会责任感。这一目标应贯穿整个课程体系，确保每一门课程都能够在传授知识的同时，提升学生的思政素养。

2. 优化课程结构，构建思政体系

课程体系的设置应充分体现思政教育的连贯性和系统性。具体而言，可以将思政教育内容融入专业课程中，形成“课程思政”的教学模式。同时，也可以设置专门的思政课程，如中国特色社会主义理论体系、职业道德与职业素养等，以系统地进行思政教育。

3. 更新课程内容，融入时代元素

随着时代的发展，思政教育的内容也应不断更新。具体而言，可以将最新的社会热点问题、国家重大战略决策等纳入课程内容中，引导硕士研究生关注社会现实，增强他们的社会责任感和使命感。

（二）创新硕士研究生教学方法与教学模式

1. 引入互动式教学，激发学生参与

互动式教学强调研究生的主体性和参与性，通过提问、讨论、辩论

等形式，引导硕士研究生积极参与课堂讨论，表达自己的观点和看法。这种教学方式可以激发硕士研究生的学习兴趣，培养他们的批判性思维和表达能力，同时能够帮助他们更好地理解和接受思政教育的内容。

2. 推行项目式学习，增强实践能力

项目式学习是一种以硕士研究生为主导，通过完成实际项目来培养研究生实践能力的教学方式。在课程思政中，可以设计一些与现实生活和社会热点相关的项目，让硕士研究生在实践中体验和感悟思政教育的内涵和价值。这种教学方式不仅可以提高硕士研究生的实践能力，还能帮助他们更好地将理论知识与实际相结合，增强思政教育的针对性和实效性。

3. 利用混合式教学，拓宽学习途径

混合式教学将传统面对面教学与在线教学相结合，通过利用互联网、多媒体等现代技术手段，为硕士研究生提供更加灵活和自主的学习方式。在课程思政中，可以利用网络平台开展线上讨论、资源共享等活动，让硕士研究生在课堂外也能进行思想政治学习。同时，可以利用大数据分析等手段，对硕士研究生的学习情况进行跟踪和反馈，帮助他们更好地掌握思政知识。

（三）端正硕士研究生学习态度

1. 强化硕士研究生对课程思政重要性的认识

学校和教师应加强对课程思政理念的宣传和教育，使硕士研究生充分认识到课程思政在塑造人生观、价值观以及培养社会责任感方面的重要作用。通过举办讲座、研讨会等活动，引导硕士研究生深入理解课程思政的内涵和价值，激发他们的学习热情和动力。

2. 明确学习目标，增强学习动力

硕士研究生应明确自己在课程思政学习中的目标，包括掌握相关理论知识、提升思想道德素养、培养社会责任感等。通过设定具体、可衡量的目标，硕士研究生可以更加有针对性地开展学习，增强学习动力。

同时，教师应关注学生的学习进展，及时给予指导和帮助，确保他们能够顺利完成学习任务。

3. 营造良好的学习氛围，激发学习兴趣

学校和教师应努力营造积极、健康的学习氛围，为硕士研究生提供充足的学习资源和良好的学习环境。通过举办学术讲座、开展实践活动等方式，激发硕士研究生的学习兴趣和好奇心，使他们更加主动地参与课程思政的学习。

4. 加强引导与激励，促进自主学习

教师应加强对硕士研究生的引导和激励，鼓励他们自主学习、独立思考。通过设计具有挑战性和启发性的问题，引导学生深入思考和探讨，培养他们的创新思维和解决问题的能力。同时，建立完善的奖励机制，对在课程思政学习中表现突出的硕士研究生给予表彰和奖励，激励他们继续努力。

（四）正确处理学术研究与课程思政的关系

1. 明确学术研究与课程思政的互补性

学术研究致力探索学科前沿，推动知识创新，而课程思政则旨在培养硕士研究生的思想政治素质，引导他们树立正确的价值观。二者在目标上虽有所差异，但并非相互排斥。相反，学术研究可以为课程思政提供丰富的素材和案例，使思政内容更加生动、具体；而课程思政则可以引导硕士研究生从思政角度审视学术研究，培养他们的社会责任感和创新精神。

2. 将学术研究成果融入课程思政教学

教师在课程思政教学中，可以结合自己的学术研究成果，将最新的研究动态、学术观点融入教学内容中。这样不仅可以丰富课程内容，提高硕士研究生的学习兴趣，还可以引导硕士研究生了解学术研究的价值和意义，培养他们的学术素养和批判性思维。

3. 通过学术研究深化课程思政的内涵

学术研究往往涉及对现实问题的深入剖析和对解决方案的探索。教师在课程思政教学中，可以引导硕士研究生结合学术研究，对现实问题进行思考和分析，从而深化对思政内容的理解和认识。这种教学方式不仅可以提高硕士研究生的理论水平和实践能力，还可以培养他们的创新精神和解决问题的能力。

4. 加强学术道德与课程思政教育的结合

学术道德是学术研究的重要基石，也是课程思政教育的重要内容。教师在课程思政教学中，应加强对学术道德的教育和引导，帮助硕士研究生树立正确的学术观念，遵守学术规范，提高学术素养。同时，教师还应通过自身的学术实践，为硕士研究生树立良好的学术道德榜样。

5. 构建学术研究与课程思政的互动平台

学校可以搭建学术研究与课程思政的互动平台，促进师生之间的交流与合作。通过这个平台，教师可以分享自己的学术研究成果和教学经验，硕士研究生可以提出自己的问题和困惑，师生共同探讨学术与思政的结合点，推动课程思政水平的不断提升。

四、基于自评学业成绩的大学生课程思政水平提升对策

调查显示，自评学业成绩很差的大学生课程思政水平较低。针对此问题，本书提出自评学业成绩很差的大学生课程思政水平提升对策。

（一）解决学业困境，缓解心理压力

1. 解决学业困境

深入分析导致学业困境的具体原因。导致血液困境的因素可能包括学习方法不当、时间管理不合理、缺乏学习兴趣或动力、受外部环境干扰以及压力过大等。只有识别问题的根源，才可以更有针对性地制定解决方案。制订明确的学习计划，包括每天、每周和每月的学习任务，以及长期的学习目标。这有助于大学生更好地规划学习时间，提高学习效

率，同时，将课程思政内容融入学习计划中，确保大学生在提升学业成绩的同时，能提升课程思政水平。改进学习方法与策略。尝试采用多种学习方法，如思维导图、讨论学习、案例分析等，以找到最适合自己的学习方式。

2.缓解心理压力

要正视心理压力，并寻找适合自己的缓解方法。大学生可以尝试通过运动、听音乐、与朋友交流等方式来放松身心，减轻压力。针对学业成绩不佳的问题，大学生需要制订切实可行的学习计划。例如，其可以分解学习目标，将长期目标转化为短期目标，以便目标更容易实现，在学习过程中，大学生要注重方法和策略的运用，如采用有效的记忆方法、提高阅读速度和理解能力等。自评学业成绩很差的大学生应积极参与课堂讨论和实践活动，深入理解思政课程的内涵和价值，通过关注社会热点和时事，增强社会责任感和使命感，从而更好地理解和接受思政课程内容。

（二）树立正确学习动机，提升自我效能感

1.树立正确学习动机

要深入了解自己的兴趣和目标，明确学习的意义和价值，思考自己为什么而学，想要达到什么样的目标，将学习与个人成长、未来职业发展等联系起来，这样，学习就不再是一件枯燥无味的事情，而是成为实现自我价值和追求梦想的重要途径。制定具体、可衡量的学习目标，将长期目标分解为短期目标，并设定明确的时间节点，通过不断实现短期目标，积累成就感，增强自身学习动力。自评学业成绩很差的大学生应充分认识到思政课程对于个人成长和社会发展的重要性，将思政学习与专业知识学习相结合，理解思政理论在现实生活中的应用价值。

2.提升自我效能感

注重自我反思与调整。在学习过程中，定期回顾自己的学习方法和策略，思考哪些方法有效，哪些需要改进，通过不断调整和优化学习方法，更高效地掌握知识，提高学习效率，从而增强自我效能感。积极参与课堂讨论和实践活动。在课程思政学习中，主动发言、分享观点，参与小组讨论和实践活动，以加深对思政内容的理解，锻炼自己的表达能力和团队协作能力。这些积极的参与经历会提升自评学业成绩很差的大学生的自我效能感，使自评学业成绩很差的大学生更加自信地面对学业挑战。

（三）提高课程思政认知与价值认同

1.提高课程思政认知

自评学业成绩很差的大学生应积极参与课程思政的学习与讨论，通过认真听讲、主动发言、参与小组讨论等方式，深入理解思政课程的核心内容和价值，明确思政课程对于个人成长和社会发展的重要性。自评学业成绩很差的大学生可以主动寻求课程思政的相关资源，如阅读思政方面的经典著作、参加思政讲座和研讨会等，以拓宽视野，增强对课程思政的认知；也可以结合自己的专业领域，思考如何将思政理论与实际工作相结合，提高思政学习的针对性和实用性。

2.增强课程思政价值认同

自评学业成绩很差的大学生需要深入了解课程思政的核心内容和价值，通过认真学习思政课程，理解思政理论的基本观点、原则和方法，认识到思政学习对于个人全面发展和社会进步的重要性，结合现实生活中的例子和案例，加深对思政价值的理解和认同。积极参与课程思政实践活动，通过参与社会实践、志愿服务等活动，将思政理论应用于实际生活中，亲身体验思政价值的实际意义。这些实践活动有助于自评学业成绩很差的大学生更深入地了解社会、认识国情，增强对思政价值的认同感和归属感。

（四）改进学习策略与方法

1.制订个性化的学习计划

自评学业成绩很差的大学生应该根据自己的学习状况、兴趣爱好和目标，制订符合自己需求的学习计划。这个计划应该明确每天、每周和每月的学习任务，以及长期的学习目标。通过有序、有计划地学习，这些大学生可以更高效地掌握知识，减少无效学习时间。

2. 采用多样化的学习方法

不同的学科和知识点可能需要不同的学习方法，自评学业成绩很差的大学生可以尝试使用思维导图、小组讨论、案例研究等多种方式来学习，找到最适合自己的学习方法。此外，结合线上和线下资源，利用现代科技手段如在线课程、学习 APP 等，也可以提高学习效率。

3. 注重课程思政内容的理解和应用

自评学业成绩很差的大学生应该深入理解思政课程的核心思想和理论，掌握其精神实质和内在逻辑。在学习过程中，其要尝试将思政理论与实际生活和专业知识相结合，通过案例分析、社会实践等方式，加深对思政内容的理解和应用。

（五）争取积极的外部支持

1. 争取家庭和社会的支持

自评学业成绩很差的大学生应该与家人保持良好的沟通，让他们了解自身总体的学习状况和需求，争取他们的理解和支持。此外，这些大学生应积极参与社会实践活动，了解社会需求和发展方向，将所学知识与社会实际相结合，提升自身课程思政水平。

2. 充分利用学校资源

学校通常会提供丰富的学习资源，如图书馆、实验室、在线学习平台等。自评学业成绩很差的大学生应该充分利用这些资源，拓宽学习渠道，增强学习兴趣。此外，参加学校组织的各类学术讲座、研讨会等活动，也可以帮助他们了解学科前沿动态，提升其课程思政水平。

3. 积极寻求教师与同学的帮助

在学习过程中，遇到困难和问题时，自评学业成绩很差的大学生不要害怕向老师或同学请教。他们可能会提供不同的解题思路和方法，帮助其更好地理解和掌握课程内容。同时，与同学进行小组讨论和合作学习，可以使彼此共同进步。

参考文献

[1] 武尔夫．人的图像：想象、表演与文化［M］．陈红燕，译．上海：华东师范大学出版社，2018.

[2] 雅斯贝尔斯．什么是教育［M］．邹进，译．北京：生活·读书·新知三联书店，1991.

[3] 佐藤学．教育方法学［M］．于莉莉，译．北京：教育科学出版社，2016.

[4] 苏霍姆林斯基．少年的教育和自我教育［M］．姜励群，吴福生，张渭城，等译．北京：北京出版社，1984.

[5] 卜中海．今天怎样当老师：用智慧经营教育［M］．宁夏：宁夏人民教育出版社，2018.

[6] 车丽娜，王飞．教师职业道德与专业发展［M］．北京：高等教育出版社，2020.

[7] 陈大伟．教师职业道德［M］．北京：高等教育出版社，2015.

[8] 陈华栋．课程思政：从理念到实践［M］．上海：上海交通大学出版社，2020.

[9] 陈玉祥．教师职业道德［M］．南京：南京大学出版社，2016.

[10] 杜鹃．高校课程思政的协同、施教及保障机制研究［D］．保定：河北大学，2022.

［11］范卿泽．课程思政理论与实践［M］．北京：人民教育出版社，2022.
［12］滕尼斯．共同体与社会［M］．林荣远，译．北京：北京大学出版社，2010.
［13］付有能．伦理关系维度的师生关系实现研究［D］．重庆：西南大学，2018.
［14］傅维利，于颖．教师职业道德的独特品性及其价值实现［J］．教育研究，2019，40（11）：151–159.
［15］傅增文．高中生自我教育［M］．北京：中国社会出版社，2000.
［16］高德毅，宗爱东．从思政课程到课程思政：从战略高度构建高校思想政治教育课程体系［J］．中国高等教育，2017（1）：43–46.
［17］高德毅，宗爱东．课程思政：有效发挥课堂育人主渠道作用的必然选择［J］．思想理论教育导刊，2017（1）：31–34.
［18］高德毅．实施大中小德育课程一体化建设的现实需求［J］．社会主义核心价值观研究，2017，3（2）：72–79.
［19］高国希，叶方兴．高校课程体系合力育人的理论逻辑［J］．中国高等教育，2017（23）：10–13.
［20］高国希．构建课程思政体系的教育哲学审视［J］．思想理论教育，2020（10）：4–9.
［21］高文．学习创新与课程教学改革［M］．广州：广东教育出版社，2007.
［22］韩宪洲．课程思政：新时代中国特色社会主义高等教育的理论创新与实践创新［J］．中国高等教育，2020（22）：15–17.
［23］侯丹娟．高校课程思政建设研究［M］．北京：中国经济出版社，2023.
［24］侯红霞．论项目式学习及其在高校思想政治理论课教学中的应用［J］．思想教育研究，2021（11）：103–107.
［25］黄荣芳，李华钢．思想政治理论课在课程思政教改中的价值引领作用［J］．教育教学论坛，2023（38）：60–61.

[26] 金旭霞 . 小学教师职业认同、职业倦怠与教师专业发展的关系研究 [D] . 西北师范大学，2018.

[27] 李合亮 . 解析与建构：当代中国思想政治教育的哲学反思 [M] . 北京：人民出版社，2010.

[28] 李红霞，邓文钱，滕培圣，等 . 高校课程思政：共识、设计与实践 [M]. 北京：清华大学出版社，2021.

[29] 刘儒德，洪伟，杨一 . 课程思政实践中的学习规律与教学应对 [J] . 中国大学教学，2022（12）：28–32.

[30] 刘伟 . 论哲学社会科学的特殊性 [J] . 北京大学学报（哲学社会科学版），2021，58（6）：5–11.

[31] 刘云山 . 着力培育和践行社会主义核心价值观 [J] . 党建，2014（2）：21–24.

[32] 龙宝新，李贵安 . 当代美国教师教育研究 [M] . 西安：陕西师范大学出版总社，2018.

[33] 卢黎歌，吴凯丽 . 课程思政中思想政治教育资源挖掘的三重逻辑 [J]. 思想教育研究，2020（5）：74–78.

[34] 陆道坤 . 课程思政评价的设计与实施 [J]. 思想理论教育，2021（3）：25–31.

[35] 陆晓雨，王铭，王名扬 . 新时代我国高校青年体育教师专业素养模型构建与提升策略 [J] . 天津体育学院学报，2023，38（4）：391–398.

[36] 潘懋元，高新发 . 高等学校的素质教育与通识教育 [J] . 煤炭高等教育，2002（1）：1–5.

[37] 戚静 . 高校课程思政协同创新研究 [D] . 上海：上海师范大学，2020.

[38] 邱海锋 . 新时代党对青年学生的政治引领：问题缘起、实践经验与发展方向 [J] . 福建师范大学学报（哲学社会科学版），2023（3）：

22-30，80，167-168.
［39］王英龙，白皓.山东省课程思政教学指南［M］.济南：山东科学技术出版社，2022.
［40］深圳特区报评论员.着力培育和践行社会主义核心价值观［N］.深圳特区报，2023-10-16（A02）.
［41］沈壮海，王迎迎.2016年度大学生思想政治教育状况调查分析：基于全国35所高校的调查［J］.中国高等教育，2017（11）：45-50.
［42］石雷山，高峰强.影响教师职业倦怠的多层变量之间的关系［J］.心理发展与教育，2010，26（5）：521-526.
［43］孙广俊，李鸿晶，陆伟东，等.高校课程思政的价值蕴涵、育人优势与实践路径［J］.江苏高教，2021（9）：115-120.
［44］谭红岩，郭源源，王娟娟.高校课程思政评估指标体系的构建与改进［J］.教师教育研究，2020，32（5）：11-15.
［45］汪瑞林.中小学“课程思政”的功能及其实现方式［J］.课程.教材.教法，2020，40（11）：77-83.
［46］王学俭，石岩.新时代课程思政的内涵、特点、难点及应对策略［J］.新疆师范大学学报（哲学社会科学版），2020，41（2）：50-58.
［47］王郢，方癸椒，尹杨.课程思政评价的实践逻辑［J］.齐齐哈尔大学学报（哲学社会科学版），2022（8）：146-149.
［48］吴刚平.课程资源的理论构想［J］.教育研究，2001（9）：59-63，71.
［49］吴倩.试论马克思主义教育观对高校音乐教育的影响［J］.当代音乐，2022（4）：33-35.
［50］习近平.在北京大学师生座谈会上的讲话［N］.人民日报，2018-05-03（2）.
［51］谢桂新，陈伟.教育学类专业教育学专业课程思政教学评价略探［J］.学校党建与思想教育，2022（19）：71-74.

[52] 徐蓉.深刻认识全面推进高校课程思政建设的价值目标[J].马克思主义与现实，2020（5）：176–182.
[53] 杨金铎.中国高等院校“课程思政”建设研究[D].吉林：吉林大学，2021.
[54] 叶方兴.观念·原则·活动：正确理解课程思政的三重维度[J].思想理论教育导刊，2020（10）：138–141.
[55] 于漪.兴趣是学习的推动[J].语文学习，1985（3）：32–35.
[56] 余林.课堂教学评价[M].北京：人民教育出版社，2006.
[57] 张博.新时代高校“课程思政”建设研究[D].吉林：吉林大学，2022.
[58] 张大良.课程思政：新时期立德树人的根本遵循[J].中国高教研究，2021（1）：5–9.
[59] 张典兵，王作亮.教师专业发展[M].徐州：中国矿业大学出版社，2017.
[60] 张雯闻，方征，陈厚余.扶贫政策可以改变教育的惯习吗？——基于跨阶层社会关系网络的质性研究[J].中国农业大学学报（社会科学版），2020，37（6）：97–112.
[61] 张旭，李合亮.廓清与重塑：回归课程思政的本质意蕴[J].思想教育研究，2021（5）：116–121.
[62] 赵锋.新时代大学教师教学评价：反思与重构[J].高校教育管理，2023，17（4）：114–124.
[63] 中共中央宣传部.习近平新时代中国特色社会主义思想学习问答[M].北京：人民出版社，2021.
[64] 周序，刘周灵润.如何认识案例教学？：关于“案例教学法”提法的思考[J].中国教育学刊，2020（4）：74–78.
[65] 宗爱东.课程思政：一场深刻的改革[M].上海：上海人民出版社，2022.